运动员心理健康行为与科学训练研究

孙小娟 著

中国书籍出版社

图书在版编目(CIP)数据

运动员心理健康行为与科学训练研究 / 孙小娟著. --北京：中国书籍出版社，2022.3
ISBN 978-7-5068-8960-5

Ⅰ.①运… Ⅱ.①孙… Ⅲ.①运动员－体育心理学－研究 Ⅳ.①G804.87

中国版本图书馆 CIP 数据核字(2022)第 042837 号

运动员心理健康行为与科学训练研究

孙小娟　著

丛书策划	谭　鹏　武　斌
责任编辑	杨铠瑞
责任印制	孙马飞　马　芝
封面设计	东方美迪
出版发行	中国书籍出版社
地　　址	北京市丰台区三路居路 97 号(邮编：100073)
电　　话	(010)52257143(总编室)　(010)52257140(发行部)
电子邮箱	eo@chinabp.com.cn
经　　销	全国新华书店
印　　厂	三河市德贤弘印务有限公司
开　　本	710 毫米×1000 毫米　1/16
字　　数	213 千字
印　　张	11.25
版　　次	2023 年 1 月第 1 版
印　　次	2023 年 1 月第 1 次印刷
书　　号	ISBN 978-7-5068-8960-5
定　　价	72.00 元

版权所有　翻印必究

目 录

第一章　运动心理健康概述 …………………………………………… 1
　　第一节　心理健康的概念与标准 ……………………………………… 1
　　第二节　心理健康的影响因素 ………………………………………… 9
　　第三节　心理健康问题的产生原因 …………………………………… 16
　　第四节　心理健康的特点与保持原则 ………………………………… 19
　　第五节　运动训练与心理健康 ………………………………………… 22

第二章　运动员训练过程中不健康心理效应与行为分析 …………… 25
　　第一节　运动员的不良情绪效应 ……………………………………… 25
　　第二节　运动员的消极心理效应 ……………………………………… 35
　　第三节　运动员的不良行为 …………………………………………… 37

第三章　运动员训练过程中动机的科学建立 ………………………… 46
　　第一节　运动动机概述 ………………………………………………… 46
　　第二节　动机与运动表现的关系 ……………………………………… 50
　　第三节　常见的几个动机理论 ………………………………………… 56
　　第四节　运动员运动训练动机的科学培养与激发 …………………… 64

第四章　运动员训练过程中心理特征的科学培养 …………………… 69
　　第一节　运动员自信的科学养成 ……………………………………… 69
　　第二节　运动员智力的科学提升 ……………………………………… 80
　　第三节　运动员人格的科学建立 ……………………………………… 84

第五章　运动员训练过程中心理认知的科学研究 …………………… 93
　　第一节　运动员训练中的感知过程 …………………………………… 93

· 1 ·

第二节 运动员训练中的记忆过程 …………………………… 104
第三节 运动员训练中的思维过程 …………………………… 106

第六章 运动员心理技能训练的科学方法 ……………………… 113
第一节 目标设置训练 ………………………………………… 113
第二节 放松训练 ……………………………………………… 117
第三节 表象训练 ……………………………………………… 122
第四节 暗示训练 ……………………………………………… 127

第七章 运动员训练过程中比赛心理的科学调控 ……………… 130
第一节 比赛目标的设置与心理定向 ………………………… 130
第二节 比赛方案的科学制定 ………………………………… 137
第三节 比赛心理调节的基本方法 …………………………… 140
第四节 比赛过程中常见的心理问题与应对策略 …………… 143

第八章 运动员训练过程中心理健康教育的科学开展 ………… 149
第一节 运动心理疲劳的科学控制 …………………………… 149
第二节 运动损伤心理的科学康复 …………………………… 161
第三节 运动员心理健康处方的科学制定 …………………… 168

参考文献 …………………………………………………………… 171

第一章 运动心理健康概述

当前,社会发展要求人们拥有良好的身体素质、心理素质以及健全的人格。心理健康是人人都应该具备的基本素质,运动员更是如此。竞技体育发展水平的提高不仅对运动员的体能、运动技能提出了高要求,也对其心理素质和智能提出了严格标准,运动员心理健康对提高其竞技实力及比赛成绩具有重要意义。本章主要分析运动心理健康理论,重点对心理健康的基本知识及运动训练对运动员心理健康的重要意义进行阐述与分析。

第一节 心理健康的概念与标准

一、心理健康的概念

(一)健康与心理健康

很多人都对健康的概念存在认识误区,简单认为健康就是没有身体疾病,这是片面的认识。现代健康理念中健康不仅包含身体健康,也包括心理健康、道德健康、社会适应健康。也有人在此基础上提出了完全健康的概念,其内容与要素如图 1-1 所示。

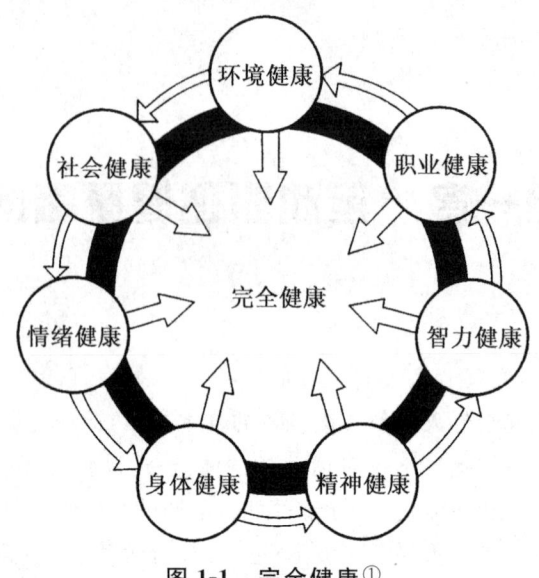

图 1-1 完全健康[1]

随着人们认识水平的不断提高和对健康的深入研究,健康的概念与内涵不断完善,而心理健康作为健康的组成部分之一也越来越受重视。我们必须认识到,心理健康和生理健康的重要性没有程度上的差异,二者同等重要。而且生理健康与心理健康之间紧密联系,相辅相成。心理健康的标准是复杂的,如何才算是真正的心理健康,这没有绝对的标准,判断心理健康或心理不健康的界限也不是绝对的。身体健康水平可以通过血压、体温、脉搏等生理指标检测出来,检测结果一目了然,很容易判断。但要用可量化的指标检测心理是否健康是不容易的。这就增加了给心理健康下定义的难度。世界卫生组织对心理健康概念的界定是"人的心理持续的完善状态就是心理健康"。但这个概念比较抽象,没有说明心理状态怎么样才是完善的,完善状态持续多长时间才算是心理健康,这有待进一步研究。第三届国际心理卫生大会这样界定心理健康的概念:"心理健康是指在身体、智能以及情感上,在与他人的心理健康不相矛盾的范围内,将个人心境发展成最佳的状态。"[2]这个定义也比较笼统,因为我们很难把握什么样的状态才是"最佳状态",这主要与个人体验有关。

---

[1] 王鹏. 大学生体质之研究[M]. 哈尔滨:东北林业大学出版社,2007.
[2] 孔庆蓉,孙夏兰,杨玉莉. 心理健康新观念[M]. 北京:中央编译出版社,2016.

(二)心理健康的内涵

不同学者对心理健康的概念有不同的解释,下面我们从四个方面来认识与理解心理健康。

1. 心理健康的整体状况

心理健康的整体状况指的是身体健康与心理健康以及二者的相互关系。生理与心理是相互联系、相互影响的,良好的生理状况对心理健康有益,良好的心理状况也对身体健康有益,而一旦一方出现问题,另一方也会受到影响。

2. 心理健康的平均状况

一般情况下,人们的心理状况都是遵循常态分布规律的,在常态领域中就认为是正常的。从这个视角来看,我们说一个人心理健康、正常,就是说这个人的情绪、心态、情感等心理特征和大部分正常人是一样的。健康的正常的心理是处于中间状态的,也有人利用这个社会常态标准来对心理健康进行衡量与判断。

3. 心理健康的适应状况

心理健康的适应状况是指心理层面适应了环境,与环境保持融洽和谐的关系。随着社会环境的不断变化,心理健康的人往往能够很快适应新环境,能够随着环境变化调整自己,适应能力很强。而跟不上社会环境变化节奏的人往往从心理上抗拒新环境,有明显的心理不适感。有时社会环境的变化是受人们所驱动的,驱动者敢于挑战陈规,打破因循守旧的社会模式,这类人的心理健康状况介于适应和不适应之间。具体要根据他们驱动社会环境变化的动机来判断其心理健康状况,如果动机良好,是为了促进社会发展和优化社会环境打破陈规,并且确实取得了良好的效果,那么他们的心理就是正常的、健康的。而如果动机不纯,出发点存在偏差,且最终破坏了社会环境,影响了社会发展与进步,那么他们的心理就是扭曲的或存在心理障碍。

4. 心理健康的理想状况

每个人都有自己希望达到的一种理想的心理健康状态,这是人人都有的追求,如果自己期望的那种理想状态成为现实,就拥有了健康的心理;而如果自己期待的状态很遥远,难以实现,那么就可能引起心理障碍。因为人与人之间存在个体差异,每个人的期待不一样,所以我们没有统一的标准去判断什么样的心理状态才是理想的健康状态。

二、心理健康的标准

关于心理健康的标准,国内外学者提出了不同的观点,下面我们简单说明几个具有代表性的观点。

(一)国外学者的心理健康标准

1. 马斯洛的观点

美国人本主义心理学家马斯洛提出了心理健康的十条标准:
(1)有充分的自我安全感。
(2)能充分了解自己,并能恰当地评价自己的能力。
(3)能与周围环境保持良好的接触。
(4)生活的理想切合实际。
(5)能保持自身人格的完整与和谐。
(6)善于从经验中学习。
(7)能保持适当和良好的人际关系。
(8)能适度地表达和控制自己的情绪。
(9)能在不违背团体要求的前提下,有限度地发挥个性。
(10)能在不违背社会规范的前提下,适度满足个人的基本需求。

2. 奥尔波特的标准

美国人格心理学家奥尔波特提出了心理健康的七条标准:

(1)自我意识广延。
(2)良好的人际关系。
(3)情绪上的安全性。
(4)知觉客观。
(5)具有各种技能,并专注于工作。
(6)现实的自我形象。
(7)内在统一的人生观。①

(二)国内学者的心理健康标准

我国内地学者郭念峰和香港学者李忠莹都提出了关于心理健康的标准,有人综合二者的观点,提出了心理健康七个方面的标准,见表1-1。

表1-1　心理健康标准②

七个方面	具体标准
认知	适度的敏感性
	对内外世界的真实感知
	思维逻辑正常
	认知具有全面性
	认知具有独立性
	良好的想象力和联想力
情绪	适度的情绪激活性
	适度的情绪强烈性
	适度的情绪持久性
	良好的心理承受能力
	良好的心理康复能力
	良好的情绪管理能力

---

① 俞国良.现代心理健康教育 心理卫生问题对社会的影响及解决对策[M].北京:人民教育出版社,2007.
② 王伟,刘宇慧,成荣信.中国人心理健康手册[M].成都:电子科技大学出版社,2015.

续表

七个方面	具体标准
意志品质	良好的自觉性
	良好的自制性
	良好的坚持性
	良好的果断性
	良好的敢为性
态度倾向	适度的责任感
	适度的荣誉感
	适度的进取性
	适度的利他性
	良好的真诚性
自我意识	良好的自我觉察
	与能力相匹配的人生目标
	适度前瞻的进取目标
	适度的自信
	适度的自我压力和动力
	悦纳自己
人际关系	宽容
	与周围各种类型的人和睦相处
	适度的异性交往
	既保持个性又服从领导
	与家庭成员亲密相处
	有少数的亲密朋友
	与人交往有角色意识
	与人交往有边界和适度的距离
	不同场合角色灵活转换

第一章 运动心理健康概述

续表

七个方面	具体标准
幸福感受	有充实的价值感
	对职业有兴趣
	有适度的激情体验
	有适度的享受欲望
	不断产生的审美需求和审美能力

(三)心理健康自我测定

人们可通过简单的测评来了解自己的心理健康状况,量化指标更容易被采纳,一般可参考表1-2所示的"心理健康自我测定量表"。

表1-2 心理健康自我测定量表[①]

题号	内容	常有	偶有	罕有	从无
1	害羞	1	7	8	0
2	为丢脸而烦恼很久	0	6	12	6
3	登高怕从高处跌下来	0	5	13	10
4	易伤感	0	5	15	8
5	做事常常半途而废	0	4	12	4
6	无故悲欢	0	7	12	9
7	白天常想入非非	3	8	9	0
8	行路故意避开某人	0	3	11	10
9	易对娱乐厌倦	0	8	11	6
10	易气馁	0	1	15	8
11	感到事事不如意	0	2	16	6
12	常喜欢独处	0	2	6	0
13	讨厌别人看你做事,虽然做得很好	0	8	11	9

---

① 孙庆祝,郝文亭,洪峰.体育测量与评价[M].2版.北京:高等教育出版社,2011.

续表

题号	内容	常有	偶有	罕有	从无
14	对批评毫不介意	8	5	3	0
15	易改变兴趣	2	4	8	2
16	感到自己有许多不足	0	5	12	15
17	常感到不高兴	0	4	15	5
18	常感到寂寞	0	4	11	5
19	觉得难过、痛苦	0	1	11	16
20	在长辈前很不自然	0	7	11	10
21	缺乏自信	0	9	11	8
22	工作有预定计划	8	6	0	2
23	做事心中无主见	0	7	10	11
24	做事有强迫感	0	4	5	3
25	自认运气好	11	7	6	0
26	常有重复思想	0	9	7	4
27	不喜欢进入地道或地下室	0	3	4	12
28	想自杀	0	3	5	13
29	觉得人家故意找你茬	0	1	5	6
30	易发火、烦恼	0	5	18	13
31	易对工作产生厌倦	0	4	11	15
32	迟疑不决	0	10	10	8
33	寻求人家同情	0	1	9	2
34	不易结交朋友	0	2	9	5
35	心理懊丧影响工作	0	4	14	14
36	可怜自己	0	0	11	9
37	梦见性的活动	2	3	6	0
38	在许多境遇中感到害怕	1	0	16	7
39	觉得智力不如别人	0	1	8	7
40	为性的问题而苦恼	0	4	9	3

续表

题号	内容	常有	偶有	罕有	从无
41	遭遇失败	0	4	14	6
42	心神不定	0	9	13	6
43	为琐事而烦恼	0	7	14	7
44	怕死	0	1	2	13
45	自己觉得自己有罪	0	0	12	4
46	想谋杀人	2	3	5	0

根据自己的实际情况勾选，全部选完后累计积分。男子性如果总分在65分以上，说明心理正常，总分在10分以下，说明有心理疾患；女性总分在45分以上，说明心理正常，总分在25分以下，说明有心理疾患。

第二节 心理健康的影响因素

一、生理因素

遗传和疾病是对个体心理健康具有重要影响的生理因素。

(一)遗传

生理健康是心理健康的基础条件，如果生理健康水平低，那么心理健康也必然会受到影响。个体心理健康受生理因素的影响，首先体现在受遗传的影响上，心理学家用家谱分析法对这方面的影响进行研究，研究结果表明，一些存在心理障碍或心理疾病的人，其家族中有生理疾病史的比例较大，而心理健康的人，其家族中有生理疾病史的比例较小。

遗传对人的心理健康有影响，但这种影响不是绝对的，换言之，并不是说家族中有人患有生理疾病，那么后代就一定会发生心理疾病，遗传只是增加了后代患心理疾病的可能性，但是否真的会出现这个问题，关键与后天环境的影响有关。先天遗传因素与后天环境因素是相互作用的,如果后天环境良好,充分发挥环境因素的积极作用,那么可以预防甚至避免因受先天遗传因素影响而产生心理异常或心理障碍等心理健康问题。

(二)疾病

影响个体心理健康的生理因素除了先天遗传,还有疾病,有些生理疾病会使人身体和心理同时受折磨,表现出不同程度的心理障碍,严重者会出现精神疾病。相关研究结果表明,存在心理障碍的人群中患有不同程度身体疾病的比例比心理健康人群中患身体疾病的比例大。如果生理疾病程度轻,那么会对患者的心理造成轻微的影响,如表现出情绪不稳定、烦躁不安、失眠等症状,随着病情的加重,心理问题也会越来越明显,心理障碍会越来越严重,而如果身体完全康复,心理障碍也会慢慢消除,心理会越来越健康,和正常人一样。

二、社会因素

置身于一定社会环境中生存和生活的人必然会受到社会大环境的影响,所以说,社会因素也是影响个体心理健康的一类重要因素,具体因素包括社会文化、社区环境、学习工作环境等。

(一)社会文化

人们生活于一定的社会环境中,观念会随着社会环境的变化而变化,社会道德观、社会风俗等文化因素对人们观念的影响是潜移默化的,社会文化对个体观念的无形影响主要从个体的心理品质中体现出来,如个体信念,个体价值观、世界观,个体兴趣爱好,个体生活态度,个体动机等。社会文化丰富多彩,不同文化因素对人心理健康的影响性质、影响程度是不同的,有的影响是积极的,有的影响是消极的,有的影响大,有的影响小。有关研究表明,文化发达地区的人很少有人患癔症(分离转换性障碍),但有很多抑郁症患者;而文化水平落后的地区有很多癔症患者,却很少有人患抑郁症。

个体心理健康在社会媒介(报纸、书籍、杂志、网络、电视等)的作用下受到社会意识形态的影响。社会信息媒介发挥着非常重要的作用,社会信息媒介传达健康正能量的社会信息,那么对个体心理健康有益,而如果社会上充斥着大量不健康的负面的信息,那么就会严重影响个体的心理健康。很多青少年存在心理健康问题,与社会大众媒介传播不健康信息有很大的关系。发展尚未成熟的青少年缺乏良好的自制力和判断力,所以比较容易受到不良信息的侵蚀与腐化,从心理层面来看,轻者易怒、暴躁,重者出现变态心理,走上犯罪之路。

社会风气对个体心理健康的影响除了通过社会媒介发生作用外,家庭、学校、社会组织等也起到重要作用。现在,社会上一些不良风气严重危害了年轻人的心理健康,对其世界观、人生观及价值观的形成与完善造成了严重影响,这就需要家庭、学校及社会相关组织团结起来共同对社会不良风气予以抵制,共同保护青少年纯净的内心世界,为青少年的健康成长创设一个健康的、阳光的、充满正能量的社会环境。

(二)社区环境

社区就是我们日常生活中看到的村庄、住宅区、街道等由若干个体或社会组织聚集在某一地域而形成的生活大集体。社会环境、社区文化在很大程度上影响着在社区中居住和生活的人的心理健康。社区要多组织一些有意义的健康向上的活动,从而给社区居民的心理带来积极影响,提高社区居民的心理健康水平和幸福感。

(三)学习工作环境

学习工作环境对个体心理健康的影响也很明显,处在不同学习工作环境中的个体其心理健康水平也是有差异的。学习工作环境对个体心理健康的影响又与社会环境污染、人口密度、城乡发展差异等因素有关。城乡青少年学生的居住环境、生活环境不同,城乡经济差异、文化差异、教育水平差异明显,在这一背景下,城市的青少年和乡村的青少年在心理发展上也表现出不同的特征,如城市竞争激烈,学习压力大,青少年学业负担重,承受的心理负荷超出接受能力,容易出现心理健康问题,但城市的青少年开朗、活泼、大方、自信,与其优越的生活环境有关。

三、家庭因素

个体心理健康也受到家庭因素的影响,而且家庭因素给个体心理发展带来的影响是巨大的。具体来说,影响个体心理健康的家庭因素包括家庭物质条件,家庭氛围,家庭人际关系等。优越的家庭物质条件、文明礼貌的家庭语言环境以及民主平等、重视情感交流的家庭心理环境对人的心理健康有积极的影响,相反,如果一个家庭物质条件差,不讲文明礼貌,经常吵闹,互相埋怨,人际关系不和谐,不注重情感交流,亲人之间缺少沟通,那么将会给每个家庭成员的心理健康都带来负面影响,长期生活在这样的家庭环境中,必然会出现心理障碍,而且这种不健康的心理问题可能会伴随人的一生,对人的各个方面都产生不良影响。

(一)家庭环境

家庭环境影响人的心理健康,青少年儿童的心理健康更易受到家庭环境的影响,主要影响首先来源于家庭物质环境。家庭条件优越能够给青少年儿童提供良好的居住和学习环境,使他们有自己的居住和学习空间,这有助于对其独立自主的能力及独立人格进行培养。独立的空间还有助于培养青少年儿童的兴趣爱好,使其个人兴趣得到充分满足,而且对培养个性和完善个性也有重要意义。美观整洁的家庭环境能够培养青少年儿童良好的起居习惯,提升其美感,净化其心灵。

(二)家庭气氛

青少年儿童的心理健康也受到其所在家庭的心理氛围的影响,家庭成员之间的人际关系决定了家庭心理氛围。一般来说,夫妻关系、亲子关系在家庭人际关系中占主导。一个家庭是否幸福,一定程度上取决于是否有和谐融洽的家庭氛围。家庭氛围直接关系着孩子的健康成长和心理健康。相关研究结果表明,如果青少年是在和谐温暖的家庭中成长起来的,那么他们就更有爱心,更有自信,更有丰富的情感,而如果青少年长期在充满吵闹的家庭环境中生活,那么其心理健康会受到严重影响,表现出紧张、怯懦、胆小、自卑等心理障碍。

在充满激烈竞争的新时代,社会风险越来越多,家长努力工作养家糊口,备受压力,难免会遇到一些挫折和困难,有的家长选择回到家宣泄不良情绪,这就严重影响了家庭和谐氛围的建立与维持。有的家长忙于工作,忽视了对子女的教育和关怀,这样也不利于构建温馨的家庭氛围。紧张的夫妻关系会加重家庭氛围的恶劣性,这是对青少年儿童心理健康造成严重影响的一个重要原因。如果夫妻经常吵架,正面冲突,在言语甚至行动上伤害对方,那么青少年儿童在这样的氛围中会受到负面影响,从心理上主要表现为害怕与人交往,疑心重,经常怀疑自己和别人,不轻易相信良好的人际关系,待人冷淡,遇事淡漠不热情。这不利于他们的人格发展,这种负面影响有时会伴随他们的一生。家庭成员之间的冲突、矛盾和家庭氛围亲密度差还会导致青少年儿童表现出不良行为。

(三)亲子沟通

青少年儿童的心理健康也受到家庭中亲子关系的影响,亲子之间的沟通交流状况直接关系着子女的心理发展。培养青少年儿童的社会适应能力,首先要从家庭内部着手,要做好亲子之间的沟通交流,家长带领孩子慢慢适应社会,家长做好孩子与社会之间相联系的纽带与桥梁。有关研究人员将亲子沟通按性质分为两种类型,一种是良好的沟通,这种类型的沟通对培养青少年的自尊心、自信心以及促进青少年心理健康具有重要意义。还有一种是有问题的沟通,这种不良沟通会导致青少年出现孤独、抑郁、自卑、紧张、胆小等心理问题。

(四)家长素养

家长个人修养和素养也会对子女的心理健康产生影响。这里所说的家长的素养包括两方面,一方面是文化素养,即文化知识水平;另一方面是思想品德素养,主要从日常行为及生活态度中表现出来。对青少年的培养离不开良好的家庭教育,育人是家庭教育的核心,家庭教育中居主导地位的是家长,家庭教育成功与否、家庭教育发展方向和家庭教育质量很大程度上直接由家长素养所决定。家长的言行举止对子女各方面的发展都有潜移默化的影响。作为子女最好的老师,家长应该从日常言行举止和为人处事中给孩子树立一个好榜样,给孩子带来积极的影响。如果家长不注重自己的言行举止,语言粗鲁,不修边幅,不讲文明,沉迷网络和赌博,漠视子女的生活和学习,那么就容易使孩子养成不讲文明礼貌、不遵守学校纪律的坏习惯,容易滋生孩子的厌学情绪和敌对情绪。可见,家长素养是影响孩子心理发展的无形力量,家庭教育对孩子心理素质的健康发展具有重要影响,家长必须自觉提高自身素养,规范自己的言行,提高自己的文化知识水平,给孩子树立一个好榜样,多给孩子带来积极的、正面的影响,使孩子拥有健康的心理和高尚的道德品质,受益一生。

四、学校因素

在个体发展中,学校教育是非常重要的。学校教育的重要性首先表现在它在较长时间内对学生进行系统教育,而这种系统教育对学生社会行为的塑造是其他教育所无法替代的。学校的重要性还在于它有独特的、完整的机构,是社会的雏形,对提高学生的社会适应力、培养学生的人格起到至关重要的作用。

(一)学校环境

学校环境包括物理环境和心理环境,这两个方面对学生的心理健康都有重要影响。

1. 物理环境

宽敞明亮、优美整洁的教学环境对学生的心理具有良好的熏陶作用,使学生心灵得到净化,促进学生心理健康发展。校园的一草一木都应给人以美的感受,使学生从中得到教育和心灵的净化。

2. 心理环境

良好的校风、班风能够感染学生,促使学生积极向上,团结互助,人际关系和谐。这样的心理环境有利于促进学生心理健康状况的改善。而消极的校风、班风则会使学生心情压抑,师生关系紧张,这会对学生心理健康造成消极影响。人际关系和谐是心理健康的一个重要标志,也是对心理健康的一种强有力的促进。学生在学校里能否和老师、同学建立和谐的人际关系,对他们心理健康发展具有极为深远的影响。研究表明,学生出现各种心理问题甚至是严重的心理障碍,很多都和不良的师生关系、不和谐的同学关系有关。所以,建立良好的人际关系是促进学生心理健康发展的重要途径。大量研究表明,一个学生拥有良好的师生关系和同伴关系,通常有很强的归属感和安全感,心理也会更健康。而与教师关系紧张,经常遭到同学排斥、不平等对待的学生经常出现自卑、敌对、焦虑等负面情绪,这必然影响学生的心理健康。

(二)学校管理

教育体制、学校教育指导思想和管理制度等会对学生心理健康产生影响。它们往往决定了学校的校风,决定了教师教学和学生学习状况。目前,我国一些中小学仍然没有摆脱"应试教育"体制,片面追求升学率,无形中给教师和学生都造成了很大的影响。学生在巨大的升学压力下出现心理障碍。有些学生因为学习压力大而出现了睡眠障碍。学生对自己学习成绩不满,而且受到来自教师、家长以及个体自尊心方面的压力,长期处于超负荷紧张状态,容易出现厌学、注意力减退、失眠、神经衰弱等心理与行为问题。在这种情况下,学生学习兴趣、学习创造性被扼杀,这严重影响其身心健康。

五、个人因素

个体因素如外貌、能力、习惯等也会影响个体心理健康。外貌较好、能力较强的个体,在生活中往往会获得更多人的喜爱,经常感到满意、愉快,这有助于其心理健康。而有些处于青春期的学生会因为自己外貌较差而感到自卑、焦虑,从而出现心理问题。因此,对这些群体应当关注他们的心理健康,重视疏导和调节。

人格特征是与心理健康密切相关的品质,同样一种挫折,对不同个性的人会有不同程度的影响。有的人可能无法承受,或消极应付,自暴自弃;有的人接受现实,正视挫折,加倍努力,奋发图强。研究表明,特殊人格特征往往是导致相应精神疾病,特别是神经官能症的潜在因素。例如,有强迫性人格特征的人(谨小慎微、墨守成规、敏感多疑、优柔寡断、求全求美、心胸狭窄、苛求自己等)很容易患强迫性神经症,有易受暗示、沉迷于幻想、情绪多变、以自我为中心、爱自我表现等人格特征的人很容易出现分离性障碍疾病。因此,培养健全的人格是保持心理健康的关键。①

影响个体心理健康的上述几类因素相互影响,相互作用,有时往往多种因素共同对人的心理健康产生作用。在心理健康问题和促进心理健康方式的研究中,要全面分析影响个体心理健康的多元因素,对各类因素所产生的影响及发挥的作用进行充分考虑,全面诊断,对症下药,采取多种有效的措施来解决心理障碍、心理失调、心理疾病等心理问题,促进心理健康和身心和谐发展。

第三节 心理健康问题的产生原因

一、普通群众心理健康问题的产生原因分析

(一)对心理健康问题不重视

党的十八大以来,我国更加关注人民群众的心理健康,关注对心理健康的维护及对心理问题的解决。进入新时代,我国进一步实施健康中国战略,提出要多给予人民群众人文关怀,要注重对人民群众的心理疏导,做好思想政治工作。这是我国关注人民健康和发展健康事业的一大进步。但总的来看,目前有效干预大众心理健康的机制与体制还有待进一步完善。要将这方面的工作纳入政府工作议程和社会管理规划中。

社会各类人群都存在着不同程度的心理健康问题,目前学生的心理健康问题受重视程度高一些,而且各级学校开始注重对学生的心理健康教育,并取得了一定的成绩,有效提升了学生的心理健康水平。而政府和社会对其他群体心理健康问题的重视程度较弱,作为社会管理的第一

---

① 俞国良. 现代心理健康教育 心理卫生问题对社会的影响及解决对策[M]. 北京:人民教育出版社,2007.

主体,政府应该全面重视各类人群的心理健康。我国很多人群都缺少对心理健康的正确认识,也没有意识到心理健康的重要性,对健康的心理状态缺少关注,心理出现问题后也不主动进行心理咨询和寻求专业帮助,导致心理问题越来越严重,对生活、工作、学习及社会交往都造成了严重影响,有的人心理问题严重,没有及时疏导,最终做出危害社会的恶劣行为,酿成大祸,严重破坏了社会秩序,严重损害了社会公共财产与人民安全。现在,因心理疾病而犯罪的人越来越多,我们必须提高对心理健康的重视。

(二)社会压力大

近年来,我国社会经济迅猛发展,人民生活水平持续提高,与此同时,社会竞争也越发激烈,人们进入快节奏生活模式,每天面临艰巨的工作任务,身心承受着多方面的压力,如生活压力、工作压力和社会交往压力等。更直观地来说,人们面临的压力有就业压力、教育压力、家庭压力、婚姻压力、感情压力等。在多种重压下,人们的心理健康受到严重威胁,表现出很多心理障碍、心理疾病,如果不能及时干预,解决心理健康问题,将造成一系列严重的后果,因为心理疾病会对身体健康、生活质量、工作效率产生不良影响,这个具有普遍性的社会现象受到了社会各界的关注。

人际和谐、人与自然和谐是建立在每个社会个体心理和谐的基础上的。现阶段,我国构建人与自然和谐共生社会及实施健康中国战略面临很多困难因素,其中就包括社会个体存在心理健康问题这个因素。有关调查结果表明,目前我国青少年群体中存在心理问题的达到上千万,全国所有人口中有上亿人左右都有不同程度的心理问题。每年因心理疾病死亡的人也是一个不小的数字。有专家预测,在我国所有患病群体中,患有精神疾病和心理疾病的人数所占的比例将不断增加,面对如此严峻的社会问题,政府和社会有关方面必须加强干预,建立与完善维护人民群众心理健康的科学机制,加强社会健康管理,提高健康管理效率,从而为建设健康中国作出贡献。

(三)缺乏管理

随着现代人生活水平的提高和生活质量的改善,人们的需求发生了重要变化,最主要的变化趋势就是从物质需求向精神需求、心理需求、健康需求过渡。虽然很多人都有心理健康问题,但至少有人开始关注这个问题,而且认识到了心理健康对生活质量的影响,并逐渐接受通过心理咨询、心理治疗来解决心理问题。随着健康中国战略的实施和健康知识的日益普及,心理健康必将成为全面的新需要。而政府与社会有关组织单位必须竭尽全力满足大众的这一需要。目前,为了满足人们对心理健康的需求,社会上出现了一些心理辅导机构、心理咨询组织机构,而且市场上也成立了一些心理辅导或培训班,但因为市场管理混乱,政府缺少调控,从业工作者专业水平良莠不齐,过度追求经济利益,所以导致这些机构并没有充分发挥促进大众心理健康的作用,相关部门应加以重视,及时出台管理政策,建立管理机制,做好市场规范和引导。

二、运动员心理健康问题的产生原因分析

(一)过度训练

研究表明,运动员过度训练对其心理层面和行为层面都有消极影响。心理层面主要表现在对认知、情绪的影响上,如使运动员出现焦虑、紧张、记忆力衰退甚至抑郁等症状,行为层面主要体现在对饮食、睡眠、运动表现的影响上,如食欲减退、睡眠质量差、运动表现发挥不好等。有专家指出,运动员过度训练会造成严重的生理问题,对内分泌系统、机体代谢及免疫系统都有负面影响,而这些身体机能出现问题后,又可能引起抑郁等心理疾病。过度训练也会使运动员出现疲劳症状,包括身体上的疲劳和心理上的疲劳,而心理耗竭对运动员的训练兴趣、训练水平及运动寿命都会产生消极的影响。教练员应该充分认识到过度训练对运动员心理健康产生的抑制效应,关注运动员心理健康,合理安排训练。

(二)运动损伤

有关研究证明,发生过运动损伤的运动员比没有发生过运动损伤的

运动员更容易出现焦虑、低水平自尊、抑郁等心理问题,而且这些心理问题在运动损伤发生数月后依然没有消失。运动损伤会影响运动员的心理健康,损伤越严重,心理健康问题就越严重,为了减少运动损伤对心理健康造成的影响,在运动训练中要了解引起运动损伤的原因,做好预防运动损伤的措施,并在发生运动损伤后及时处理,在处理生理损伤的同时进行有效的心理干预,防止运动员出现严重的心理问题。

(三)退役

运动员退役后面临着转型和再就业的问题,运动员之前接触社会的机会少,退役后进入社会可能会遇到之前从未遇到的挫折和挑战,如果运动员不能及时调整自己的心态,不能适应社会环境,那么很容易出现焦虑、紧张等心理问题,甚至会患上严重的心理疾病。这就需要政府进一步加强对退役运动员的就业指导和生活保障,提供必要的帮助,使退役运动员尽快融入社会,适应新生活。

第四节 心理健康的特点与保持原则

一、心理健康的特点

(一)稳定性

心理健康状态是在较长一段时间内持续存在的心理状态。判断一个人心理是否健康,要看其整体水平,而不是短暂变化或偶然现象。一个人偶尔出现不健康的心理和行为,并不能片面判断其心理不健康,反过来,心理不健康者也不是所有的心理活动都不健康,即使是严重精神障碍的病人,也会有正常的心理表现。

(二)协调性

心理健康的协调性主要表现在以下两方面：

1. 内部心理活动和谐、协调

内部心理活动协调指的是个人价值观念与心理活动的协调，心理过程与个性特征的协调，个人能力与期望、理想之间的协调等。一个心理健康的人知道自己想做什么，应该做什么，并据此采取行动。

2. 心理活动与外界环境协调

人生活在社会中，其心理活动不能脱离社会环境。人的心理活动要与其所生活的环境保持协调，如果对环境不满，而且没有能力改变环境，就会出现不健康心理。

(三)复杂性

有些学者为便于研究，简单地将心理状态分为健康和不健康两种情况，但实际情况要复杂得多。同是心理健康，存在健康水平的高低；同时，心理不健康，存在程度差异。而且心理正常和心理异常之间也没有明确的界限。

(四)发展性

心理素质是不断变化的，经过有效的干预，可以促进心理健康水平的不断提高。也就是说，按照某一标准，一个人现在的心理状态是健康的，但其还可以向更健康的方向发展。

(五)社会适应性

社会适应性主要是指个人心理活动符合社会基本规范和基本要求，与社会文化环境相协调。心理健康的人能够清楚了解社会对自己的期望，与社会主流价值观保持一致，能够担负起社会赋予的责任，满足社会对其角色的要求。不遵守社会公民道德规范和各种法律,以及不能适应社会环境的人达不到心理健康标准。

二、心理健康的保持原则

(一)维护生理健康

生理健康是心理健康的基础。因此,保持心理健康要从身体保健开始,个体应进行终身的身体锻炼,定期进行健康体检,早期发现身体异常现象,加强身体锻炼,不断增强体质,从根本上提高心理健康水平,维护心理健康状态。

(二)加强心理维护

心理维护首先要培养健全的人格,关键要使个体在所处环境中获得支持和帮助。和谐的家庭环境、逆反情绪的处理、逆境心理的培养在人格形成过程中起到重要作用。此外,提升克服困难的能力,增强对生活危机的化解能力,建立正确的人生观,保持良好的情绪及控制力,合理表达情感,妥善处理人际关系等同样具有重要作用。

(三)做好社会维护

做好社会维护也是保持心理健康的一项重要原则,要努力提供良好的生活环境和公共环境,创造较多的工作机会,健全社会支持系统,减少容易导致心理危机的社会压力,促进社会秩序和谐稳定,提供安全的生存空间,建立诚信友爱的人际关系等,这样的社会环境对于每个个体的心理健康都十分有益。[①]

---

① 孔庆蓉,孙夏兰,杨玉莉.心理健康新观念[M].北京:中央编译出版社,2016.

第五节　运动训练与心理健康

一、运动训练能够提高运动员智力水平

不管是日常生活,还是学习或工作,都需要拥有一定的智力。人们对世界和社会的正确感知及认识都是建立在智力正常这一基础上的。心理健康也是以智力正常为前提的。运动员参与运动训练和比赛,需要具备一般智力和运动智力。

通过运动训练,可以促进运动员智力水平的提升,使其注意力、反应能力、记忆力、思维能力、想象能力等都得到锻炼与发展,还有助于稳定运动员的兴趣,培养运动员开朗的性格,这些非智力因素的改善又能促进运动员智力的进一步发展。

医学研究指出,人的右脑和左脑相比,信息容量更大,形象思维能力更强,运动训练可以锻炼运动员的右脑,促进其思维能力和记忆力的提升,这对其掌握运动技能具有重要意义。此外,运动训练对运动员呼吸系统、血液循环系统等身体系统的功能都有积极影响,这进一步将更多的养分输送给大脑,促进大脑思维能力、想象能力及工作效率的提升。

运动员经过运动训练,大脑兴奋过程和抑制过程的集中性更强,从而更加快速而准确地对刺激因素做出反应,这有助于进一步提高运动员的智力水平。

二、运动训练能够调节运动员情绪,消除其心理障碍

现在,随着竞技体育的不断发展,运动员承受的压力越来越大,一些运动员不堪重负,出现心理障碍,主要表现为易怒、急躁、焦虑、抑郁等,症状严重的发展成心理疾病,这些心理问题属于情感性疾病,以情绪病理变化为主,和精神病不同。运动员面临着残酷的竞争压力,而且一些优秀的运动员被全国人民甚至全世界人民寄予厚望,他们承受的压力非

常大,为了取得更好的成绩,为国争光,不辜负他人的期望,运动员时刻保持着高度的进取心,而且这种心理越强烈,就越能感到压力感或压迫感,从而心理疾病也更容易出现。运动员的心理障碍或心理疾病主要有三个特征:一是情结反应时间长,需要很长时间才能调整好情绪;二是程度严重,做出极端行为,甚至一些抑郁患者有自杀倾向;三是伴随不良生理反应,如消化功能减退、食欲不振、失眠等。运动员出现心理障碍严重影响正常训练和比赛,甚至会因此而结束运动生涯。而科学合理的、适宜强度的、丰富多样的运动训练能够帮助运动员消除心理障碍,治疗心理疾病,提高心理素质和心理健康水平。

首先,研究表明,人的不良情绪主要集中在左脑,而右脑是产生积极情绪的主要区域,运动员在运动训练过程中,右脑活跃,处于兴奋状态,左脑处于抑制状态,所以不良情绪能够得到抑制,同时产生积极向上的正面情绪。

其次,运动员在运动训练中,体内内啡肽得以释放,愉悦感逐渐形成,这有助于运动员保持愉快的训练心情,并有减轻运动伤痛的效果。

再次,运动训练尤其是集体性的运动训练能够为运动员之间的沟通与交流提供良好的机会,运动员也可以在训练中采取恰当的方式将自己的负面情绪释放和宣泄出来,从而保持开朗的情绪,保持自信、乐观。

最后,运动员在运动训练中不断学习新技术、新动作,从训练中既可享受成功的喜悦,又要承受失败的压力,有时成败瞬息万变,胜负变化极快,这种变化锻炼了运动员胜不骄、败不馁的良好情绪,使运动员学会以积极情绪战胜不良情绪,成为情绪的主人。

三、运动训练能够培养运动员的坚强意志

意志是自觉而有意识地确定目标,调节自己的行动,克服各种困难,实现这一目标的心理过程。良好的意志是实现人生理想的重要前提。运动训练对培养意志品质有非常显著的效果。运动员在运动训练和比赛中能否获得好成绩,一定程度上取决于意志力,如射击、射箭等需要注意力集中的意志;长跑、游泳、自行车等要克服疲劳和厌倦情绪的意志;跳水、跳高、体操等要克服恐惧的意志等。参加不同的运动项目训练,培养不同的意志力。

首先,运动训练培养顽强的意志力,耐力性项目的训练可以培养运动员顽强的意志,如果运动员没有顽强意志,那么很难坚持训练和取得好成绩。

其次,运动训练培养果断的意志力。运动员在运动训练中果断行事,不怕困难、敢于承担责任。

再次,运动训练培养勇敢的意志力。跨栏、跳高、跳水、体操、滑雪、登山等项目训练都能锻炼运动员的勇敢精神。

最后,运动训练培养自制力。自制力是控制自己的情绪,约束自己言行的能力。在许多运动中,都要这种能力。例如,在长距离走、跑、游泳中,运动员要控制自己厌烦、怕累的情绪,用积极情绪战胜它;在球类活动中,当同伴没有配合,或被对手失误碰撞时,约束自己不发火、不犯规等。[1]

---

[1] 肖夕君.科学运动与健康[M].长沙:湖南文艺出版社,2006.

第二章 运动员训练过程中不健康心理效应与行为分析

在运动训练中,受主观和客观等因素的影响,运动员或多或少会出现一定的心理问题或心理波动,这些心理问题都会在一定程度上影响运动员的正常训练,因此充分了解与把握运动员的这些心理状况或问题是十分重要的。本章就重点分析运动员训练过程中不健康的心理效应与行为,以为运动训练的顺利进行提供良好的保障。

第一节 运动员的不良情绪效应

一、情绪概述

(一)情绪的概念

人们在平时的生活和工作中都会产生各种各样的情绪,如喜怒哀乐等都是情绪的表现,这些情绪都会对人们形成一定的影响。对于运动员而言,也是如此。在良好的情绪下,运动员往往能取得不错的训练效果,反之则训练效果不佳。由此可见情绪的重要性。一般来说,情绪有广义和狭义之分,广义上的情绪是指人对客观事物的态度体验,狭义上的情绪指有机体在受到刺激时机体所产生的身心变化。这里我们研究的情绪主要指的是运动员运动训练中的情绪表现,也就是指狭义上的情绪。

需要注意的是,个体情绪并不是无缘无故产生的,而是有一定的诱因的,是在一定的刺激之下产生的,这种刺激既可以是内在的,也可以是外在的。在这些刺激下,人的情绪就会产生一定的波动,进而影响着人的心理情绪的变化。

(二)情绪的功能

情绪的功能有很多,正是由于这些功能的存在,才使得人们的心理产生各种变化。对于运动员而言,一定要养成良好的情绪,通过良好的情绪功能的发挥,促进训练水平的提升。总体而言,情绪的功能主要体现在以下几个方面:

1. 适应功能

大量的研究,情绪的变化会给人们的生理和心理带来一定的变化和影响,可以说,情绪是有机体适应生存和发展的一种非常重要的方式。

人们的情绪会在一定程度上受到刺激源的影响,人们可以通过情绪的变化来了解周围的人,然后通过自己大脑的分析,采取合适的行为或行动,从而满足自身生存与交往的需要。

2. 组织功能

从心理学角度来看,情绪是一个独立的心理过程,一些情绪的产生,有时是不受当事人的控制,具体来说,当情绪产生之后,个体对情绪的组织作用表现在以下几方面:

人的情绪一般分为积极情绪和消极情绪两个方面,积极的情绪能在很大程度上激励人的各种活动,极大地提高人们的认知水平,激发人们的潜力等。消极情绪会对人们的心理产生一定的破坏与瓦解作用,影响人们的各种行为或行动,如有些人在面对一些突发状况时通常会变得非常急躁,情绪难以控制,这就是消极情绪的影响。

3. 动力功能

根据心理学理论,情绪可以说是人们动机系统的重要内容,在不同的情感状态下,人的行为会呈现出明显的差异。为了实现既定目标,人们会非常努力向着这一目前前进,其主要原因在于,这一目标的实现能

第二章　运动员训练过程中不健康心理效应与行为分析

给人们带来极大的心理愉悦和满足。总之,一个人的情绪状态会对其生活、工作、学习产生极为重要的影响。因此,一定要注意保持积极的情绪,避免消极情绪。

总之,积极的情绪具有增力作用,而消极的情绪则具有抑制作用,人们在平时的生活和工作中,一定要学会情绪的控制,对于运动员而言,在比赛场上,面对各种突发状况时更应该注意控制自己的情绪,否则有可能带来不良的后果。

4. 信号功能

信号功能也是情绪的一个重要功能。情绪的出现和表达,能给当事人以及其周围的人一种外在的情绪信号,这种信号的获得,可以让周围的人观察到某个个体的情绪变化,从而采取针对性的措施和手段加以干预。

情绪具有积极情绪和消极情绪两种,这两种情绪分别具有促进和抑制的作用,运动员要想取得理想的训练效果和质量,要尽可能地保持积极的情绪。情绪可以说是人们心理活动的晴雨表,通过不同的情绪信号表达,能给人一定的信号表示,教练员也要在训练活动中善于观察和发现这种信号,从而合理地指导运动员的训练活动。

二、运动员常见的不良情绪

运动训练是枯燥的,在长期的训练中,运动员难免会产生一些不良情绪,如焦虑、抑郁、愤怒、嫉妒等,这些不良情绪都会给运动员的训练带来负面影响,因此要高度重视。

（一）焦虑

焦虑是个体对于可能造成心理冲突或挫折的情境或事物产生的一种情绪体验。焦虑可以说是一种常见的情绪,无论是普通人还是专业的运动员,在遇到一些突发状况时,都难免会出现一定的焦虑情绪,只要不是出现过度焦虑的现象,一般都是可以很好控制的。

个体常见的焦虑情绪及其表现见表 2-1。

表 2-1　个体过度焦虑情绪表现

焦虑情绪类型	情绪外在表现
学习焦虑	注意力难以集中,记忆力下降,失眠,思维愚钝,心慌意乱,整日忙乱而无序
学习焦虑	课堂内容听不进去,记不住,一学习就头疼,不学习又各种不安
考试焦虑	对考试低自信或经常产生失败的预想
考试焦虑	考试前焦躁不安、失眠、记忆力减退
考试焦虑	考试过程中注意力难以集中、思维阻断、知识遗忘
形象焦虑	对自己的外在形象不自信,如对身高、肥胖、痘印、雀斑、胎记的焦虑
社交焦虑	对某一种或多种人际处境的强烈忧虑、紧张、不安或恐惧
社交焦虑	害怕社交,不敢或不愿与他人交往
社交焦虑	在人际交往中害怕表达、过于担心他人对自己的消极评价
运动焦虑	运动员对即将进行的运动训练和比赛的表现、成绩获得的过度紧张和不安

(二)抑郁

抑郁指的是个体感到无力应付外界压力而产生的消极情绪,厌恶、羞愧、自卑等都是抑郁情绪的集中表现。

个体抑郁的诱因主要有两类,一类是因一定的事件而引发的抑郁;另一类是由于身体疾病或用药后反应引起的抑郁。通常情况下,性格内向、不擅交际的人容易产生一些抑郁情绪。

总体而言,个体常见抑郁症状主要体现在以下几个方面:

(1)抑郁心境。主要分为轻度与重度两种状态。其中,轻者表现为心情不佳、不善言辞、无精打采、苦恼、忧伤、终日唉声叹气;重者主要表现为情绪低沉、悲观、绝望。

(2)快感缺失。轻者表现为缺乏兴趣、缺乏主动、回避交往、逃避集体活动；重者表现为闭门独居、疏远亲友、杜绝社交。

(3)持续疲劳。轻者表现为身心疲倦，力不从心，对生活和工作丧失积极性与主动性；重者"废寝忘食"，难以自理和维持正常生活。

(4)睡眠障碍。表现为入睡困难，早醒。

(5)食欲改变。表现为进食减少或食欲增强，导致体重骤增或骤减。

(6)躯体不适。有身体不适感，多为不明原因的疼痛、疲劳、便秘、消化不良、睡眠障碍、胸闷、气短、心悸等，但医学检查无明显生理病变。

(7)自我评价低。轻者自卑、孤僻；重者内疚、自责，甚至自虐。

(8)自杀念头和行为。抑郁症严重的人会采取自杀的极端方式来摆脱痛苦。

伴随着竞技体育的高度发展，运动员的训练也变得更加科学和规律，运动员要想取得理想的比赛成绩，就需要通过大量的训练来提高自己的竞技水平。在很多时候，运动员会面临着常人难以承受的压力，在这一压力之下，有些运动员可能会出现一些心理问题，心理会变得抑郁，情绪不稳定，要想顺利地参加运动训练，就需要及时地缓解与排除这些不良情绪，让运动员的训练活动走上正轨。

(三)愤怒

与其他的不良情绪相比，愤怒可以说是一种暂时性的剧烈情绪，在发生这一情绪时，人会做出一些"出格"的行为，这是激烈情绪的一种反映。当运动员出现愤怒情绪时就需要采取有针对性的措施和手段及时消除。

人在出现愤怒的情绪时，通常会伴随着心跳加快、心律失常等症状，严重的情况下，人的自制力会在很大程度上减弱甚至丧失，从而做出一些难以控制的行为或活动。

以下几个方面都能在一定程度上导致个体产生愤怒情绪。

(1)特殊生长期。这一时期主要指的是运动员的青春叛逆期，在青少年时期，青少年的身心发展还未健全，在这样的情况下，爆发性的情绪多发，青少年在于人相处过程中，很可能因为一个动作、一句话就会暴跳如雷，这是愤怒情绪的集中体现。

(2)个体的自尊心和好胜心强。当个体受到侮辱、遭遇不公正待遇时容易产生愤怒情绪。

(3)个体存在错误认知。在现实生活中，有些人认为只要自己发怒就能对别人起到一定的威慑作用,这种行为是不可取的,是错误的。

(4)个体的生活经历和个性特点所致。据相关统计表明,胆汁质的人群比其他人群更容易冲动和发怒,这说明人的情绪与个性有着非常密切的关系。

(5)个体受到打扰和威胁。如当个体投入某项活动时,当个体人身安全受到威胁时,容易产生愤怒情绪。

(四)嫉妒

嫉妒可以说是一种心理病态,对于常人而言,在某些情况下,都有可能出现一定的嫉妒心理,只不过是轻重程度不同而已。嫉妒是指个体认为他人在某些方面胜过自己而引起的不快甚至痛苦的情绪体验。

嫉妒可以说是我们人类的一种本能,嫉妒之心人皆有之,轻微的嫉妒可使人具有危机意识,有助于激发斗志;重度嫉妒是一种情绪障碍,容易给他人带来一定的伤害。因此,当出现重度嫉妒心理时一定要高度重视起来,采取有针对性的措施和手段加以解决。

嫉妒情绪与人的个性特征有着极为密切的关系,相关研究表明,以下几种个性特点的人容易产生一定的嫉妒心理。

(1)虚荣心强。这一部分人群非常表现自己,非常注重他人对自己的看法和评价,如果周围的人比自己优秀时就很容易产生嫉妒心理。

(2)独占欲强。有一部分人群希望集所有幸运、成绩、荣誉于一身,他们渴望取得其他人都难以实现的成就,久而久之就很容易产生嫉妒心理。

(3)耽于幻想。这一类群体在看到别人比自己的能力强时,通常不会去更加努力地追赶别人,而是常常安慰自己,畅游在自己的幻想当中,而当幻想破灭时就很容易产生嫉妒心理。

(4)幼稚、不成熟。这一类群体在面对一些问题时通常显得比较偏激,不能以全面的眼光去分析问题,当事与愿违时就产生了嫉妒心理。

(五)自卑

自卑是个体由于某种生理或心理上的缺陷或其他原因而引起的轻视自我的消极自我认知体验。无论是对于常人还是专业的运动员,对于其中的某些人而言还是容易出现一定的自卑心理的,尤其是在面对比自己优秀的人时。

人们产生自卑的原因主要是缺乏客观和科学的自我认知,在这样的情况下就容易产生自卑心理。个体的自卑情绪诱因主要来自主观和客观两个方面。主观方面主要是个体未能对自己的能力做出正确的评估。客观方面主要与个体的成长环境、受教育程度等方面有着直接的关系。

人的自卑心理主要包括以下几个方面的内容:

(1)对自己的评价过低。这一部分人认为自己的运动水平较他人低,难以取得他人取得的成绩。

(2)自卑情绪的不合理泛化。个体源于某一方面的自卑会不合理地转移到其他方面,如某一名运动员的身体协调性不好,进而泛化到认为自己的其他身体素质也是如此。

(3)敏感性和掩饰性。具有自卑情绪的个体非常在意他人对自己的评价,尤其是非常关注那些负面评价,对这一部分的评价非常敏感,这就很容易产生自卑心理。

(六)冷漠

冷漠是指个体对外界刺激缺乏必要反应的消极情绪体验,是一种对环境和现实的自我逃避、退缩心理。冷漠可以说源于一种自我保护,但过度的自我保护则是一种不良的心理情绪表现,一个冷漠的人其内心往往是有强烈的痛苦、孤寂和压抑感的,长期处于这样的环境下,人就容易出现各种心理问题。

一般来说,个体的冷漠情绪主要表现在以下几个方面:

(1)对周围的人或事物漠不关心、态度显得比较冷淡。

(2)很少参加集体活动,独来独往。

(3)对很多事情都感到无能为力或力不从心。

(4)对自己的将来没有一个合理的规划。

三、运动员情绪诊断与调节

(一)运动员情绪诊断

1. 感受情绪

作为一名出色的运动员,必须要具备一定的情绪诊断能力,在自我

情绪诊断中,感受情绪是第一步,也是非常重要的一步。运动员正确的感受情绪应做到以下几个方面的要求:

(1)观察情绪。运动员在训练或比赛中,难免会出现一定的情绪波动,在出现情绪时,运动员不必立刻干预,可以留意这种情绪体验。

(2)描述情绪。描述情绪主要指的是将观察和体验到的情绪用文字或语言表达出来,表达要准确和客观,与事实相符。

(3)客观对待情绪。当出现一些情绪时,运动员要能正确客观地对待这些情绪,要平静地接受这种情绪,如此才能做出合理的决策。

(4)专注于情绪。运动员在训练中要学会集中精力感受自己的情绪,提高自己的专注度,恰当地处理运动训练中出现的各种问题。

2. 识别情绪

每一名运动员都有自己的个性,也就是说运动员都有自己的情绪模式,当这些情绪成为运动员意识和认知的一部分时,就很难辨识。为了更好地识别情绪,运动员可以通过以下方法进行识别。识别情绪的方法有很多,运动员可以选择自己擅长的方式。

(1)记录法。运动员可以抽出时间有意识地留意并记录自己的情绪。这样能便于以后查看获得丰富的经验。

(2)反思法。记录情绪的变化图谱,从中判断情绪反应是否得当,然后采取有针对性的措施与手段消除不良情绪。

(3)反馈法。在运动训练中,通过与队友之间的互动,充分了解他人对自己情绪的全面、客观描述,通过反馈来认识自己的情绪。

(4)测试法。运动员可以通过专业的情绪测试来识别自己的情绪。

3. 辨析情绪

运动员不仅要学会感知情绪和识别情绪,而且还要掌握辨析情绪的手段与方法。情绪有积极情绪和消极情绪之分,而负面情绪则包含以下两种,运动员要学会正确地辨析(表2-2)。

第二章　运动员训练过程中不健康心理效应与行为分析

表 2-2　健康的负面情绪与不健康的负面情绪

健康的负面情绪	不健康的负面情绪
来自合理的信念	来自不合理的信念
促进建设性的行为	导致非建设性的行为
促进现实的思维	导致歪曲的思维
促进问题解决	阻碍问题解决
帮助目标实现	阻碍目标实现

(二)运动员情绪调节

运动员长期参加训练和比赛，难免会出现一定的负面情绪，当出现负面情绪时，运动员要学会正确处理，减少和消除负面情绪带来的消极影响。对于运动员而言，要在训练和比赛中学会调节不良情绪，以产生积极的情绪，从而以积极饱满的热情投入运动训练和比赛之中。

情绪调节方法有很多种，从生理和心理两个方面进行干预，可将情绪调节方法大体归为四类(图 2-1)，下面重点分析其中的两类。

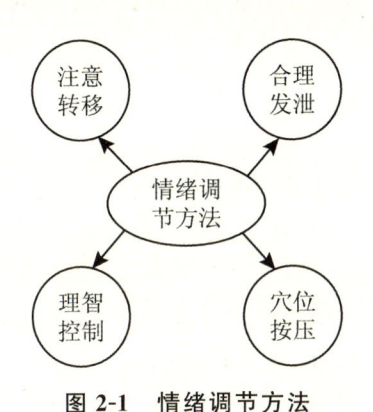

图 2-1　情绪调节方法

1. 理智控制

(1)自我接纳

①停止对立。运动员在平时的训练中，面对一些困难或挫折时容易产生消极的情绪，这时候就要停止对自己的不满和批判，学会肯定自己

和悦纳自己,树立克服困难的信心。

②停止苛求。在运动训练中,运动员要允许自己出现一定的错误,出现错误时要及时纠正。

③直面情绪。负面情绪也有健康和非健康之分,负面情绪并不可怕,只要勇敢地面对这些负面情绪,采取恰当的措施与手段就能很好地解决,将不良影响降到最低。

(2)克服完美主义

①学会满足。俗话说"人无完人",运动员在运动训练中难免会出现一些错误,不可能做到完美,运动员要尽可能地学会满足,保持积极乐观的心态参加运动训练。

②不过分要求自己的同伴。运动员的训练活动通常是集体性的活动,尤其是那些集体项目,有一些完美主义者不仅对自己要求严格,对于周围人没有达到一定的要求也会大发雷霆或紧张不安,这种情绪属于一种负面情绪,会在一定程度上影响运动员队内的团结,因此运动员一定要引起重视。

③不以自我为中心。在运动训练或比赛中,运动员过度以自我为中心会引发一定的紧张情绪,这种情绪会慢慢地传染,影响到整个集体,因此,在认知方面,运动员要及时转变以自我为中心的观念和想法,维护好队内的团结。

2. 转移和排遣消极情绪

运动训练一般都是比较枯燥的,运动员进行长期的训练后难免会出现一些消极的情绪,学会转移与排遣消极情绪是十分重要的。

(1)表达消极情绪

①向自己表达。在运动训练中,运动员要清楚地认识到自己的情绪状态及其来源,正确表达自己的不良情绪。

②向他人表达。运动员可以向同伴或专业心理治疗师寻求帮助。

③向环境表达。运动员可以在业余时间,通过旅游等方式来宣泄自己的情绪。

④升华的表达。认真对待并升华自己的情绪,将运动训练看作是自己的职责。

(2)转移消极情绪

①运动转移法。运动员可以通过各种富有趣味性的运动来转移自己的消极情绪,以积极的心态投入到运动训练之中。

②颜色转移法。相关研究表明,不同的颜色会引发人们不同的情绪。多接触明快的暖色彩能给人以积极的暗示,在感到焦虑、紧张时,多接触灰、白等冷色,这样能起到镇静的效果。

③音乐转移法。运动员在情绪不佳的情况下,可以多听一些欢快、轻松的音乐,从而很好地转移自己的不良情绪。

④饮食转移法。相关研究表明,碳水化合物也具有一定的镇静作用。因此,当运动员的情绪不佳时,可以食用玉米、马铃薯等食物来缓解自己的不良情绪,使自己走上正轨。

(3)转化消极情绪

①自我暗示。运动员在遇到一些困难和挫折时,可以通过自我语言暗示自己,缓解自己的不良情绪,如"振作起来吧""保持自信"等语言,通常能取得一定的效果。

②自我激励。运动员还可以通过一些名言警句来鼓励自己,激励自己奋发向上。

③自我放松。自我放松也是一种很好的调节情绪的方法,运动员可以在平时的训练中采用静坐与冥想、意象训练等手段来放松自己,释放自己的不良情绪。

第二节 运动员的消极心理效应

在运动训练中,运动员的消极心理主要包括训练成瘾和心理疲劳两个方面,当出现这两种情况下,需要采取针对性的措施与手段加以解决,以保证运动训练活动的顺利进行。

一、运动员消极心理的表现

(一)训练成瘾

一般来说,训练成瘾可以分为积极训练成瘾和消极训练成瘾两个类型。积极训练成瘾的人能够控制自己的训练行为,实现训练的目标;而消极训练成瘾的人反而会受到训练行为的控制,在训练中情绪受到一定的影响,即使在身体状态欠佳时,也不愿停止训练。

运动员要进行科学的训练,要保证合理的运动负荷。运动量过大不但会使人的精神紧张,而且还会削弱人体某些器官的免疫功能,积劳成疾,如某些超级球星和拳击手由于超量运动,使其平均寿命比学业成功者短八年;同时,运动过量还会使某些免疫球蛋白减少或消失,使人的抵抗力减弱而容易感染。强制性训练会带来很多不好的后果,这些后果要在很多年之后才会显现。

(二)心理疲劳

运动员如果进行超负荷、超强度的训练,长期如此就容易造成心理不安和疲倦,最终发展为心理疲劳。一般来说,运动训练的心理疲劳主要有以下几种表现:

第一,在主观体验和行为表现方面,当运动员产生心理疲劳时,其主观感觉乏力,训练时会感到力不从心,对外界刺激特别敏感。

第二,在情绪性抑制反应方面,运动员产生一定的心理疲劳后,不仅运动能力下降,而且情绪不稳定、意志减弱,还可能会加重情感紊乱。

第三,在适应性方面,运动员经过一段时间的训练后会产生一定的心理疲劳,如果得不到及时恢复或恢复不足时,心理疲劳就会持续积累,超过了临界点,就会严重影响运动员训练活动的顺利进行。

二、运动员消极心理的应对策略

(一)端正训练的动机

在运动心理学理论中,动机是一个非常重要的因素。动机是影响人们的行为,引导人们朝着某一目标努力的内部心理过程。动机是人的一种内在动力,对人的行为有激发、维持和调节作用。无论是具有何种消极心理的运动员,在训练前都要端正训练动机。在日常运动训练中,教练可通过个别谈话或小组讨论的形式帮助运动员明确训练的动机。① 这样才能很好地提升自己的心理水平,保证运动训练的顺利进行。

(二)加强训练中的自我监督

加强运动训练的自我监督也是非常重要的。运动员要在运动训练的过程中,经常观察自己的生理功能、心理与健康状况,并把观察的结果记录下来,以合理安排锻炼负荷、时间,防止过度疲劳,提高运动训练的效果。

自我监督包括主观感觉与客观检查的综合分析与评价。② 要观察自己在锻炼中是否出现心情不好、厌倦,头痛、头晕、胸痛和上腹部疼痛,以及运动后睡眠质量是否良好等主观感觉。同时,还要注意观察自己的体重、脉率、损伤程度等。如果主观感觉和客观检查的结果为良好、稳定,说明训练的内容和方法都比较适当,反之则不然,需要采取解决的对策。

(三)采用心理学恢复手段消除心理疲劳

一方面,要正确地看待和评估现实中的各种主客观因素对自己进行体育锻炼的影响,量力而行,不要给自己施加太大的压力;并在思想上要端正锻炼目的、保持乐观积极的锻炼态度。

另一方面,进行心理恢复训练。在心理专家的指导下,通过语言暗示进行肌肉和神经的放松,还可以配合一些轻松悠扬的音乐进行训练,调节呼吸,使肌肉得到充分的放松,并最终调节中枢神经系统兴奋性。

第三节 运动员的不良行为

在比赛场上,运动员的不良行为主要表现为一些攻击性行为,主要是对对手的攻击和对观众的攻击,这些不良行为都会对本方产生一些负

---

① 单明杰. 青少年乒乓球训练中的消极心理与调适策略[J]. 青少年体育,2020(11):93-94.
② 宁业梅,李昌颂,唐祖燕. 体育锻炼的消极心理效应及其应对措施[J]. 体育科技,2010,31(03):89-91.

面影响,下面就重点分析运动员的这些不良行为。

一、攻击性行为概述

(一)攻击性行为的概念

运动员的攻击行为主要是指在运动竞赛过程中,运动员有意识地给对方身体或心理造成伤害的行为。竞技体育比赛一般都非常激烈,在激烈的竞争中,有些个性比较鲜明的运动员受到一定得刺激后难免会出现一些过激行为,判断运动员是否出现攻击性行为,主要考虑两点:一是运动员所采取的行为是否给他人构成了伤害。二是伤害他人者希望受害者受到伤害,自己的伤害行为成功。

具体来看,有三种行为会被误认为是攻击性行为:第一种是对没有生命的物体实施暴力行为。第二种是在比赛中没有意识到伤害别人。第三种是实施攻击行为后,被攻击者由于各种原因没有受到伤害。这几种都会被误认为攻击性行为,因此要具体情况具体分析,不能盲目判断。

(二)攻击性行为的表现方式

1. 敌视性攻击行为

敌视性攻击行为主要就是为了伤害他人,让受害人受到痛苦,这种攻击行为常常伴有攻击者的愤怒,如在足球比赛中,运动员出于愤怒故意将球踢向对方球员,这就属于敌视性攻击行为。这一行为很有可能会导致大规模的冲突。

另外,还存在着这样一种情况,那就是某些运动员的伤人动机直截了当,其意图就是为了伤害他人,并不是为了比赛的胜利,这一攻击行为属于暴力行为,是应该坚决制止和杜绝的。

2. 手段性攻击行为

手段性攻击行为主要就是为了实现一些外在的目的,比如获得金钱、胜利或赢得某些特权,伤害他人的动机并不是失误造成的,攻击者将这种行为看作是获得主要目的的一种手段或方法。

任何比赛都充满了激烈的竞争,在比赛中时常会发生一些攻击行为,但是我们也不能鼓励这种攻击行为,这种行为会给对方造成一定的伤害,也会给年轻的运动员带来不好的示范,因此一定要杜绝。

以足球比赛为例,在比赛中双方运动员难免会发生一些身体冲撞,有时还会发生受伤的情况,但是这种行为不一定是攻击行为,只要是合理的冲撞就没有违背比赛规则,属于激烈比赛的一部分。

在比赛场上,一些果断行为通常会与攻击行为相混淆,如足球比赛中防守者的铲球有可能给对方球员带来一定的伤害,但运动员是完全为了比赛的胜利而做出的动作,并不是以伤害人为目的。这种行为就是果断行为或自信行为,这一行为不以伤害对手为目的,因此也不属于攻击行为。

综上所述,运动员的敌视性攻击行为、手段性攻击行为和自信行为之间存在着一定的联系,有时候彼此之间的关系显得比较模糊,很容易被混淆,这就需要具体情况具体分析。

自信需要运动员付出与众不同的努力,但是只要不是运动员故意伤害对方,那么比赛中出现的任意伤害事件都只是比赛的意外事件。需要注意的是,在一场比赛中,只有裁判才有权力和职责来惩罚那些违背规则的行为,无论犯规者是不是故意为之,在大多数体育运动比赛中,如果运动员伤害他人的行为被判定为故意和危险的,那么就会受到严厉的惩罚。暴力行为可以说是比赛场上明令禁止的。

二、攻击行为理论

攻击行为关乎每个人的生命健康,涉及社会的和谐稳定,对人的攻击行为的研究已经成为社会共同关心的课题,社会心理学家努力探寻产生这种攻击行为的原因。

(一)本能理论

奥地利心理学家弗洛伊德认为人的攻击行为属于一种本能,认为人天生就具有一定的攻击倾向,这一行为与外部环境没有什么直接的关系,属于天生的、内部的攻击性能量的宣泄。这就是攻击行为理论中的本能理论,这一理论在某一时期引起了社会的强烈反响。

另一位提出本能说的是奥地利著名习性学家劳伦茨,他在著名的《论攻击性》一书中,对动物的观察作为自己论点的基础,并将结论归结于人,认为攻击性是人本能防御机制的主要部分。攻击行为是一种先天的和外界环境无关的本能行为,动物与人的进化过程中具有重要意义,攻击性是人类争取生存的一种根本动力。

体育竞赛中的攻击性其实是一种精神宣泄的方式,人类就是一种攻击性的动物,必须要满足这种生物本能,不时给予宣泄才能降低人类攻击欲望。人类社会能够满足个体攻击本能的方法,就是利用社会大众认可的方式,比如对抗性的球赛、摔跤、拳击、跑步等运动,宣泄自己的攻击性。

有很多学者坚持本能理论,利用这一理论分析体育运动中的攻击性行为,有很多学者认为体育运动可以增加人的攻击性倾向,运动员在比赛中容易出现各种身体、口头上的冲突和攻击性行为。无论是弗洛伊德,还是劳伦茨,他们在分析运动员的这些攻击行为时只考虑人的本能因素,完全忽视了人的社会因素。

(二)挫折—攻击理论

美国心理学家和社会学家多拉德等人认为运动员的攻击性行为始终是挫折的结果,引起攻击行为的大多是以挫折的存在作为先决条件,挫折的存在会导致某种形式的攻击,挫折是目的性反应受阻碍时的伴随状态,攻击定义为行为的反应目标是伤害一个有机体。

除此之外,他还认为人的攻击行为往往是由某些攻击性的冲动或情感所引发的,攻击性的冲动和情感又总是由某种挫折激发,按照理论的基本要求,人一旦遭受到挫折就会引发攻击性的动机和行为,挫折与攻击之间的关系非常密切,属于一种因果关系。作为一名运动员,一定要充分认识与理解二者之间的关系。

后来,随着时代的发展,美国社会心理学家贝克威茨又提出了线索唤起理论,对挫折—攻击理论进行了一定的纠正,他认为人遇到挫折以后会引发情绪上的唤起状态,也就是攻击行为的准备状态。人是否会表现出攻击性行为,主要看这个个体所处的环境是否会导致攻击性行为。如果环境内不存在导致攻击行为发生的认知线索,则挫折不一定导致攻击性行为。这一理论在当时也引起了激烈的争论。

综上所述,无论是哪一种理论,都是通过一定的试验证明了的事实,具有一定的事实依据。总体而言,挫折只是产生挫折行为的一种原因,但并不是发生挫折就会导致攻击行为,二者不是因果关系。

(三)社会学习理论

以美国当代著名心理学家班杜拉为代表的社会学习理论认为,人们包括攻击行为在内的一切社会行为都是学习的结果,通过个人和环境的相互作用,通过观察、模仿最终学会。当一个人为追求一定目标而进行的努力受到挫折和不满后,呈现所谓的情绪唤醒,不满情绪会不会导致出现攻击行为,取决于个体所习得的反应类型。

如果过去攻击性行为受到过强化后,那么他就有可能会采取攻击行为,这要看他在过去是否应用这种策略取得过成功的经验,是人类社会后天习得的一种攻击性行为。这种学习的途径和方式主要包括以下三种:

(1)观察和模仿学习攻击性行为。
(2)传播媒体学习攻击性行为。
(3)社会强化的作用学习攻击性行为。

社会学习理论强调的是个人认知过程的重要性,人的攻击行为在很大程度上由对行为结果的预测决定,强调人能够凭借想象预知行为活动可能产生的结果,确定或控制自己的攻击行为。社会学习理论符合客观实际,得到更多的社会支持,对于攻击行为产生的原因没有统一的结论。

三、影响攻击行为的环境因素

环境也是影响运动员攻击行为的重要因素。一般情况下,体育运动中的攻击行为的环境因素主要包含以下六种(图 2-2):

(一)受害者的意图

在比赛中,如果运动员发现对手企图用一些非正当的手段伤害他们,这就说明运动员将注意力集中于对方的攻击意图上面,很难将自己的精力投入比赛当中,对比赛成败的关注度降低,这一种情况下,本方就很难获得比赛的胜利。

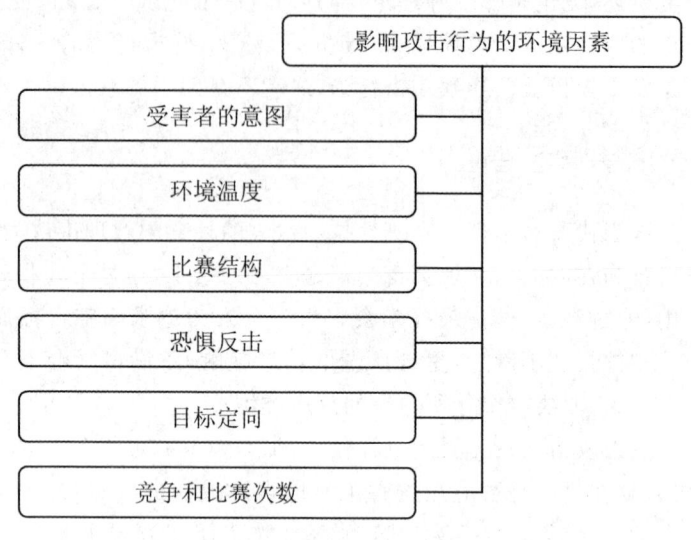

图 2-2　影响攻击行为的环境因素

影响攻击行为的环境因素:
- 受害者的意图
- 环境温度
- 比赛结构
- 恐惧反击
- 目标定向
- 竞争和比赛次数

(二)环境温度

相关研究与实验表明,环境温度越高,运动员的攻击性就越强。这一种状况容易出现在炎热的夏季足球比赛中。在气温较高的条件下,运动员的情绪就会显得比较急躁,加上场上的一些特殊状况,人的情绪就很容易出现问题。

(三)比赛结构

比赛结构中可变因素主要有以下几点:

1. 比分差距

在竞技体育赛事中,随着比赛分数差距的拉大,加上场上一些突发状况,如裁判、观众等因素,就有可能出现一些攻击性行为。一般情况下,在重大比赛中,对攻击行为的处罚非常严厉,因此要尽可能地避免这一攻击行为。

第二章　运动员训练过程中不健康心理效应与行为分析

2. 主场或客场比赛

需要注意的是,主队或客队的攻击行为在一定程度上取决于攻击的性质和比赛的项目,据相关统计发现,足球队在客场比赛时更具有攻击性;而冰球队主客队具有同样程度的攻击性。因此,还要针对具体的运动项目来分析运动员的攻击行为。

3. 参与结果

与挫折—攻击假设理论相同,输球的球队比赢球的球队更具有攻击性。

4. 比赛时间

随着比赛的不断进行,运动员的攻击行为也会逐渐增多,在比赛的第一阶段,攻击行为最少发生,这与比分差异有着直接的关系。

5. 联赛排名

相关数据统计,如果一个球队排名靠后,该队球员就相对更容易出现一些攻击行为,而排名最前的球队则相反。

(四)恐惧反击

竞技体育运动异常激烈,为了取得比赛的胜利,有时候运动员会不顾一切地付出自己的努力。在如此激烈的竞争环境下,双方运动员有可能发生一定的冲突与攻击,而担心遭到被攻击的运动员对自己的报复可能阻止主动进攻者采取行动,如果一名篮球运动员担心遭到对方的报复性攻击,这个运动员不会用胳膊肘袭击对方的肋骨。这种对手具有相同反击能力,很有可能会发展成公开的攻击和反攻击行为。

(五)目标定向

在竞技体育中,一些运动员会表现出高度的自我定向,他们认为比赛中自己的攻击行为是合理的,属于比赛过程的一部分。随着运动员自我定向的增长,对规则的遵守和对裁判的尊重却在减少。高难度的任务定向与运动员的体育道德及素质有着极为密切的关系。

(六)竞争和比赛次数

在体育比赛中,由于地理位置近和较为频繁的比赛,参加地区内比赛的球队相互之间比较熟悉,竞争激烈。相反,在地区之间的比赛中,各队来自不同的地区,相互之间比赛次数不多,各队队员相互不熟悉,队员不会紧张,竞争也不激烈。随着比赛次数增多,各队队员相互逐渐熟知,竞争越来越激烈,队员也更多表现出一定的攻击行为。

四、对攻击行为的控制

需要注意的是,如果认真地抑制体育运动中的攻击行为,各种各样的攻击行为就能够得到控制,至少降低到最低程度。但是,有一些有影响的体育界人士为了吸引大量观众观看比赛,不仅不阻止暴力,反而提倡和推动体育暴力,这一种情况需要避免。

这种态度和问题不得到重视,这些问题就很难得到解决,如果这种态度继续弥漫在职业比赛中,那么体育暴力将不可避免地在低层次的体育比赛中得到推广。

一些年轻的运动员非常崇拜那些体育明星,看见体育明星被各种奖励、掌声和金钱所包围,在比赛中表现出的近乎公开攻击的行为被一片赞誉声所美化,年轻运动员就会想要成为这样的体育明星。

在平时的运动训练中,运动员的愤怒意识和角色扮演,可以控制和疏导运动员的愤怒情绪、敌视性行为,运动员需要学会控制自己的敌视和愤怒情绪,角色扮演有助于减轻运动员的愤怒情绪和愤怒行为,对于运动员的运动训练是非常有利的。

(一)减少运动员攻击行为

(1)对于攻击性事件中的当事人要进行严厉的处罚。
(2)对火药味儿比较浓的比赛,对有克制和耐心的运动员进行奖励。
(3)处罚鼓励甚至允许运动员参与攻击事件的教练,审查执教资格,

第二章 运动员训练过程中不健康心理效应与行为分析

暂停或取消执教生涯。

(4)教练要鼓励各个队之间运动员的相互交往。

(5)消除在比赛场上可能引起敌视性攻击的外在刺激因素。

(6)运动员的惩处会超过其攻击性行为中得到的好处,目的就是为了明示运动员任何攻击行为不会给他们带来任何好处。

(7)鼓励教练和裁判参加有关如何处理和应对运动员攻击行为的培训讲座。

(二)减少观众攻击行为

(1)密切监控潜在的闹事者。

(2)在比赛现场,限制酒类产品的销售和饮用。

(3)如果狂热的观众与运动员和教练发生冲突,观众的攻击行为应得到严惩。

(4)提倡体育运动比赛,营造家庭氛围,给予参与大家庭活动的运动员奖励。

(5)新闻媒体不能过度宣扬比赛场上的攻击行为,挑起两队球员和观众对立情绪以致产生摩擦。

第三章 运动员训练过程中动机的科学建立

运动动机是运动心理学长期关注和研究的主题。一定水平的运动动机不仅可以促使个体行为的发生，还决定这一运动行为维持时间的长度、付出的努力程度以及遇到困难时克服阻力的决心。对于运动员而言，既要长期面对各种艰苦的训练，又要经常性地面对竞争激烈的比赛，因此只有研究和理解了运动员的心理动因和内部动机，才能帮助他们更好地应对各种考验和挑战。另外，在取得成功或者失败之后，如果不能正确地归因，也将影响他们接下来的认知、情感、行为表现以及对下次比赛的预期。除内部动机以外，一些外部条件也会激发运动员的运动动机。本章将通过四个方面来具体进行阐述。

第一节 运动动机概述

一、运动动机的基本概念

动机是一个人进行活动的心理动因或动力。其含义是能引起并维持个体的活动，并且将活动导向一定的目标，以满足一定的愿望或理想。运动动机被定义为推动人们参与体育运动的内部动力。运动动机的形成受到内部因素和外部因素两方面的影响，即需求和诱因。

当个体缺乏某种东西同时又非常渴望拥有的时候，会引起强烈的不舒适感，甚至是一种长期紧张的心理状态。如果始终不能得到满足，个

第三章　运动员训练过程中动机的科学建立

体无论在心理上还是生理上都会感到难以摆脱的压力,内心无法平静,为了解除这个压力,人们会想方设法地满足这个需求,这就是内部动力的产生。除了内部动力之外,个体之外的外部环境,包括社会因素和生物性因素也会对个人产生刺激,比如对他人所赢得的至高荣誉或者经济上获得的巨额回报的羡慕,都会成为强烈的外部刺激。运动动机往往来自内外双重因素的作用,就是说既有内部需求,又有外部诱因,通常是内因为主,外因为辅,在交互影响下,动机产生。

二、运动动机的功能与作用

有一个很形象的比喻,形容动机与个体的作用就像是发动机和方向盘对汽车的作用一样,既负责提供强劲的动力,又掌控着行为的方向,一部汽车如果要正常行驶,需要两种作用协同进行、共同发挥作用才行。同样的道理,在运动员的运动生涯中,运动动机既提供着强大的推动力,同时又掌控着发展进取的方向。

有研究显示,运动动机与运动员能否顺利发展、在运动生涯中的整体活力表现、遇到挫折后的应对能力等都具有密切的关系。良好的运动动机是运动员不断克服困难、实现目标的必备条件。不仅如此,具有明确且坚定的运动动机的运动员,不仅能迎接一个个的高难度挑战并实现自我突破,而且能数十年如一日地保持自律的生活习惯,严格遵守饮食计划,不断完成高难度的艰苦训练。

(一)始发功能

运动动机可以引发个体的运动行为。这样的始发动机说明个体具有某种愿望,当这个愿望足够强烈时,就会促使他们产生具体的行为,并且能够在遇到阻碍和问题时也不会轻易放弃,仍然坚定不移地追求目标。

(二)指向或选择作用

运动动机可以指向某一个具体目标,比如有的人喜欢对抗性强的运动项目,会选择类似篮球、排球、足球等;有的人喜欢更少身体接触、更少互动的项目,比如马拉松、跳高、游泳等。这些都是运动动机的指向差异使然。

同时,运动动机还会指向某一目标的作用。比如,运动员在荣誉动机的感召下,会克服重重困难,挑战个体极限去完成高难度的运动动作。

(三)维持和调整的作用

动机是维持、强化或者减弱某种活动的力量。当个体的某种愿望足够强烈时,该动机会对行为产生持续的、有力的强化作用。该强度与个体被激活的程度有关,当个体为了实现某一个愿望,或者达到某一个目标而付出巨大的努力时,往往意味着他的个体已被动机充分地激活。这样的个体他们在整个追求的过程中,基本上表现为意志坚定、动力稳定,能够经受一定的挫折和考验。可以说,运动员的动机水平在某种程度上影响着运动员能够表现出的运动水平,有时甚至影响着运动生命的长短。

运动动机除了有内部动机和外部动机之外,还有直接动机和间接动机。这些动机会在不同阶段、不同情况下产生作用,会对运动员当下的心态、情绪进行相应的调整。

三、运动动机的分类

(一)生物性动机和社会性动机

根据需求的种类可以将运动动机分为生物性动机和社会性动机。生物性动机,顾名思义,就是生物体本能的某些需求,比如因饥饿、睡眠等生理需求产生的动机。又比如为了获得愉悦感、宣泄情绪、获得刺激体验等满足个体生物需求而参加运动就属于生物性动机引起的。虽然这些属于相对低级的个体需求,但同样也是引发运动动机的重要因素。而且,生物性需求若得不到满足,会对个体的心理和行为产生消极影响。

同样的,期待在社会中获得认同,通过施展才华获得成功,努力实现自我价值等则属于社会性动机。运动员可以通过不断地突破自我以及艰苦卓绝的训练,从而发挥个人天赋,赢得荣誉与尊重,就是社会性动机的满足。

（二）直接动机和间接动机

根据动机指向的目标或者个体的兴趣点进行分类，可以分为直接动机和间接动机。

直接动机是指对活动过程本身的动机。间接动机是指以活动结果为动机。比如方程式赛车运动员对赛车运动过程中的速度与刺激体验如痴如醉，这就是他们的直接动机。而为了获得优异的世界排名，在训练过程中付出的各种努力，就是以间接动机为基础，它是指向活动结果的动机。

运动员往往是同时受到直接动机和间接动机的驱使，两者相辅相成。比如，当运动内容具有一定的难度，需要花费较长时间、较大的努力才能完成时，直接动机会表现出它的局限性。这时候，若通过增强间接动机，强调行为的结果与意义，那么会对运动员产生积极的推动作用。因此，直接动机往往是行为的原始动力和内部心理根源，间接动机能持续地维护运动员的动机水平。

（三）内部动机和外部动机

根据动机的来源，可分为内部动机和外部动机。

内部动机主要来自个体的内在需求，比如为了满足自己在运动过程中获得的满足感、刺激感、愉悦感、归属感等心理需求。外部动机主要来自外部感召与刺激，比如获得高额的奖金，可以过上优渥的生活，得到极高的社会荣誉等等。

其中，相对而言内部动机的作用更强大，持续的时间更长久。但以内部动机为主导的运动员可能会缺少成为冠军的强烈野心，缺少舍我其谁的决心。他们更愿意享受过程中的满足感，缺少强烈的竞争意识。外部动机相对而言推动力较小，持续时间也较短。由外部动机主导的运动员在达不到预期目标时，相对更容易泄气，产生沮丧、懈怠的消极情绪。一般而言，两种动机会同时对运动员产生影响，只有当两种动机相互作用、持续发挥功能时，运动员才能在运动生涯中持续迎接挑战，以更为积极的心态、更为持久地投入运动之中，最终取得优异成绩，获得成功。

第二节　动机与运动表现的关系

运动动机与运动员的运动表现息息相关。其中归因理论、自我效能理论、目标定向理论的充分运用将有助于调解和激发运动员的动机水平和运动表现。同时，熟悉习得性无助的运行模式，也可以防范削弱运动员动机水平和运动表现。

一、激发运动表现的理论支持

(一)归因理论

1. 归因理论的理论阐述

(1)阐述过程

归因是指人对自己或他人行为原因的推论。归因是人类普遍具有的一种心理活动，非常广泛地存在于日常生活中。归因理论是关于解释或判断自己或他人行为结果的原因的一种动机理论。

美国心理学家伯纳德·韦纳认为，人们对行为成败原因的分析可归纳为以下六个原因：

①能力:根据自己评估个人或他人对该任务是否胜任；
②努力:个人反省、检讨在任务过程中曾否尽力而为；
③任务难度:凭个人经验判定该项任务的困难程度；
④运气:此次任务的成败是否与运气有关；
⑤身心状态:任务过程中个人当时生理及心理状况是否影响任务成效；
⑥其他因素:个人认为在成败因素中，除上述五项外，还有何其他的影响因素(如来自他人的帮助、竞争对手的失误或评分不公等等)。

进一步，韦纳又将这些因素按三个向度进行阐述(表3-1):

第三章　运动员训练过程中动机的科学建立

①控制点:指影响其成败因素的来源,是以个人条件(内控),抑或来自外在环境(外控)。在此向度上,能力、努力及身心状况三项属于内控,其他各项则属于外控。

②稳定性:指任务的成败是相对稳定的,还是随时间等因素的变化而发生变化。在此向度上,能力与任务难度是比较稳定的。努力、运气、身心状况是不稳定的。

③可控性:在影响任务成败的因素中,只有努力是个人意愿可以控制的,其他如任务难度、运气、能力是个人所不能控制的。

表3-1　韦纳归因理论分类表①

向度	能力	努力	身心状况	任务难度	运气	其他
控制点	内控	内控	内控	外控	外控	外控
稳定性	是	否	否	是	否	否
可控性	否	是	否	否	否	否

韦纳认为,人们对成功和失败的解释会对以后的行为产生重大影响。如果把任务失败归因为缺乏能力,那么以后的考试很有可能会期望失败;如果把任务失败归因为运气不佳,那么以后的考试就不大可能期望失败。这两种不同的归因会对日后的期望产生重大影响。

(2)主要论点

①个性差异和成败经验等影响着个体的归因。

②个体对前次成就的归因将影响他对下一次成就行为的期望、情绪和努力程度等。

③个人的期望、情绪和努力程度对成就行为有很大的影响。

个体对过往成功或者失败的归因,将直接影响着接下来的情绪体验、行为表现、努力程度以及是否坚持等,这在很大程度上影响着运动员的运动动机。研究发现,与外在归因相比,内在归因会带来更多的情绪体验,积极情感和对成功的期待成正相关。稳定归因会期待类似的结果发生。可控归因与评价有关。例如,把某次任务的失败归因为能力不足,那么对下一次的期待很可能还是失败。如果失败归因为运气不好,

---

①　商虹. 体育心理学[M]. 成都:西南交通大学出版社,2010.

那么对下一次的期待就不大可能是失败。相对,如果对某次任务的成功归因为付出了大量的努力,那么将带来良好的自我效能感和积极的情绪体验,并且对未来的任务也充满信心,并投入全身心的努力。而若对某次成功归因为是自身能力强,那么对下次的预期虽然是稳定的,但却很可能忽视了运气、努力和任务难度等因素。

2. 运动心理学中的归因理论

正确地进行归因对于运动员具有非常重要的意义。比如对于取得成功的运动员,要引导他们做出更多的稳定、可控的归因,并强调内在归因,这将有助于运动员对未来的比赛具有更多的成功期待。而对于遭遇失败的运动员,教练应引导他们做不稳定的归因,但是强调可控性。这是因为,内在归因可以让运动员持续对自己的努力负责,而不稳定归因可以导向积极预期,不会因一时失败而受到打击。

对于运动员而言,训练正确的归因方法和接受体能训练、技能训练一样重要。因为良好的归因能力可以帮助运动员进行积极的自我调节,无论面对成功还是失败,都能及时地自我疏导,避免消极和懈怠的情绪产生。正确认识自己当下的成绩,避免对日后的训练和发展产生不利影响。能否恰当运用归因理论,也是衡量一个优秀运动员的重要因素之一,因为对于运动员而言,成败在所难免,只要熟练掌握归因技巧,善于积极归因,将直接影响着他们日后的行为表现、成功期待以及成绩表现。

(二)自我效能理论

1. 自我效能的理论阐述

自我效能理论是由社会学习理论的创始人班杜拉(Albert Bandura)在1977年提出,用以解释在特殊情景下动机产生的原因。

自我效能感是在执行某一行为之前对自己能够在什么水平上完成该行为活动所具有的信念、判断或主体自我感受,因而构成自我的一个现象学特征。因此,在有关自我效能的心理学研究中,更具理论及实践意义的概念表述是自我效能感、自我效能信念或自我效能期待。

自我效能有三种获得途径,即先前经验、性格品质和社会支持。研究表明,影响自我效能感的同样有三种因素,分别为榜样、目标确定和反馈。自我效能理论的核心是个体对自己能力的知觉。自我效能和自信的概念有某些相似性。

2. 运动心理学中的自我效能

如前所述,自我效能的获得来自先前经验、性格品质和社会支持三种途径。

(1) 增加成功体验

积极的心理效能是建立在一定的成功体验之上的。为此,应尽可能地创造和肯定在训练和目标达成过程中,通过不断的努力而获得技能、体能的提高的经验,科学合理地安排训练和比赛,使运动员有更多的机会获得成功体验。

(2) 善于归因

不同的个性会导致不同的归因倾向。那么通过归因训练,使个体掌握一定的归因技能,形成积极的归因风格。归因训练作为一种认知干预技术,对运动员失利后的心理调整以及恢复十分有利。

(3) 积极反馈

有研究显示,积极反馈的效果明显高于消极反馈。作为教练,应该有意识地给予运动员积极反馈,即便是能力不足甚至比赛失败,也应该帮助运动员从消极评价转变为主动承担起努力的责任。并且,无论成功与否,运动员都是集体的重要一员,会被集体完全接受。

二、对运动表现有负面影响的认知模式

习得性无助(Learned Helplessness)是美国的心理学家赛利格曼(Seligman, M. E. P)于1967年研究发现并提出的理论,是指一个人在经历了失败和打击之后,在面对问题时产生的无能为力的心理状态和行为。这是一种后天习得的经验和感觉。

习得性无助来自一个非常经典的心理学实验。赛利格曼将狗锁在笼子里,每次在蜂鸣器响动之后,给狗一定程度的电击,无处可逃的狗只能痛苦地承受电击,并倒在地上呻吟和抽搐。在进行了多次实验之后,对实验进行了改变,这次实验员在蜂鸣器响之前,先打开笼子,但是狗却并不会逃跑,而是在给出电击之前就倒地呻吟。赛利格曼称之为习得性

无助现象。

1. 习得性无助的心理特征

(1)低成就动机

成就动机是指一个人追求个体价值的最大化,或者在追求自我价值的时候,通过某些方法达到最完美的状态。它是一种内在驱动力的体现,同时也直接影响人的行为活动和思考方式,是一种相对长期的状态。低成就动机的个体,往往不能给自己确立恰当的目标,遇到困难容易退缩,他们对失败的恐惧远远大于对成功的渴望,因而不再指望自己能获得成功。

(2)消极定势

定势是心理上的一种准备状态和行为倾向,主要受到先前的生活经验、思维方式的影响,在心理选择上具有一定的倾向性,由主观需要和客观环境相互作用产生。具有习得性无助模式的个体,根据过往经验形成一种刻板的消极态度,认为努力是无用的,不能改变自己失败者的结局。

(3)较低的自我概念

自我概念是指个体对自我价值,自己的生理、心理以及社会适应性等的自我评价。它主要包含自我认同感和连续感,对于个体的发展具有重要影响。习得性无助者普遍对自我的评价处于较低水平,无论是生理、心理、社会适应性,还是自我价值方面,他们对自己没有一个恰当的认识。往往会限于某个具体的不尽理想的方面,而不能以发展的眼光认识和评价自己。

(4)较低的自我效能

自我效能,指个体对自身在某方面行为能力的信念、判断和自我感受。习得性无助的个体常常具有较低的自我效能感,对自身的能力持有怀疑甚至消极的态度,因此他们往往会回避挑战,选择简单的、容易达成的目标,遇到困难轻易放弃,他们往往将心理资源更多地用在关注失败或者焦虑上,进而阻碍了锻炼自己和发展潜能的机会。

2. 运动心理学中的习得性无助

习得性无助感的形成是主、客观因素共同影响引起的。那么,为了

第三章　运动员训练过程中动机的科学建立

避免产生习得性无助的心理,首先需要打造一个健康和谐的客观环境,同时帮助运动员培养积极健康的心理素质。如果已经形成了某种程度的习得性无助模式,可以通过学习和训练进行矫正。

(1)正确认识习得性无助

太多的失败经验和太少的成功经验是产生习得性无助感的直接原因。对于运动员而言,成败是不可避免的事情,特别是遭遇失败的经验总是多于成功的经验,因此预防产生习得性无助显得非常重要。同时,即使运动员产生了一定程度的习得性无助感也没有必要焦虑或者惧怕,习得性无助既然是后天习得的,那么通过正确有效的方法也可以进行预防和修正。

(2)确立恰当的目标

因为对成功体验和失败体验的严重失衡,会导致产生习得性无助。那么,要避免产生习得性无助,首先要做的是确立正确的目标,并且积极投入行动。正确的目标应该是切合实际的,不能好高骛远、远远超过现有的能力水平。同时,正确的目标还指设置恰当的任务难度,难度应该循序渐进,切忌盲目乐观,造成消极结果而产生打击和挫败感。同时,不要盲目攀比,每个人的个体差异很大,攀比没有实际意义,只会对自信心带来不必要的伤害。

(3)训练正确归因

从个体的角度,能力归因和努力归因会引向不同的结论,比如能力归因指向稳定性,努力归因指向不稳定性。具有习得性无助感的个体,往往是夸大了任务难度及其稳定性,或者是低估了个人能力,或者忽略了个人努力的可控性和不稳定性。那么对于运动员而言,应该引导其将注意力放在努力的因素上,更多地关注自己可控的部分,比如认知、行为和情绪,并通过不断的训练提高技能,全面提高能力,进而获得更多、更好的成功体验来修正过往的消极经验。

(4)提高自我效能感

韦纳的理论表明,如果个体将失败的原因完全归于自身内部、稳定且不可控的因素时,无助甚至抑郁的心理状态就会出现,他们的自我评价会降低,动机也随之减弱,习得性无助感就此产生。因此,教练应该在了解了习得性无助的形成机制后,注意培养运动员的健康心理认知,特别是对于失败的运动员,应该进行及时的疏导,尽量给予鼓励和肯定,并帮助其积极归因,经过合理安排训练难度,提高其自我效能感。

第三节 常见的几个动机理论

在运动心理学中,有几个重要的动机理论被最为广泛地应用,它们是需求层级理论、自我决定理论、成就动机理论、成就目标理论、强化动机理论、能力知觉理论、社会学习理论。本节主要介绍前五个理论。

一、需求层次理论

(一)需求理论的基本阐述

1943年,美国著名的心理学家马斯洛提出需求层次理论。马斯洛认为人的需求是由几个不同层次构成,并按程度和发生顺序呈现梯形,由低级需求向高级需求发展,它们分别是生理需求、安全需求、社会需求、自尊需求和自我实现需求。由于各人的动机结构不同,生命发展也不尽相同,因此这五种需求在个体内形成的优势动机也各有不同。但是,不管其构成是怎样的,需求总是由低至高逐级满足的。也就是说总是先满足低级需求,再满足高级需求。但这并不是说,在满足了低层次的需求之后,该需求就会从此消失。而实际上,即便在得到满足之后,低层次的需求仍然会继续存在着。

(二)需求层次的基本结构

1. 生理需求

生理需求包括衣、食、住、行和性等方面的生理需要,是人类最原始、最基本的需要,也是人类得以生存和繁衍的基本因素。从某种意义来讲,生理需求是推动人类行为活动最强大的动力,无论人类社会如何发展,生理需求都是人类的首要需求,并伴随着每个人的一生。生理需求也是一切其他需求的基础,生理需求得不到满足的话,其他需求将无从

第三章 运动员训练过程中动机的科学建立

谈起。只有当人从生理需要的控制中解放出来时,才可能出现更高级的、社会化程度更高的需要,如安全的需要。

2. 安全需求

在个体满足了生理需求之后,接下来就是渴望安全需求被满足。比如在解决了温饱问题和基本生存问题之后,人类开始希望得到生命安全和生命保障的满足。安全需求包括对抗年老、疾病、生存危险等的担心,以及避免受到社会或集体的不公正待遇等。马斯洛认为,人的整个有机体就是一个追求安全的机制,人的感官、效应器官、智能和其他能量主要的功能都是在寻求安全。当然,当这种需要一旦得到相对满足之后,就不会再成为激励因素,需求会进入下一个更高的层级。

3. 爱和归属感

人类作为群居动物,本能地希望获得相互关心和照顾。这种情感上的需求包括友情、亲情、爱情和性亲密。它与个体的生理特性、经历、所受教育有关。这一需求也可以理解为社会需求,包括社交的需要、归属的需要。比如得到社会他人的理解和认同,得到友谊和忠诚,收获信任和爱情。相对于生理需求和安全需求,感情方面的需要会更细腻、更复杂,因此也更高级。

4. 尊重需求

尊重的需要分为内部尊重和外部尊重。内部尊重是指个体希望在各种不同情境中,都希望自己是有实力的、能胜任的、充满信心的、能独立自主的。总之,内部尊重简单地说就是个体需要自尊。外部尊重是指个体希望获得来自他人和社会的积极评价和认可。比如,希望自己有社会地位、有权力、有影响力,总是得到他人的尊重和信赖等。

马斯洛认为,尊重需要得到满足之后,人会对自己充满信心,对社会充满热情,体验活着的充实感和价值感。

5. 自我实现的需求

自我实现的需要是一种非常高级的精神需要,也是马斯洛需求理论的最高层级。它是指个体追求实现理想和抱负,追求发挥个人的能力到最大程度。简单地说,就是完成与自身能力想适配的一切事情的需要。只有在充分、称职地完成工作的时候,人才会感到最大的快乐。自我实现的需要是在努力实现自己的潜力,使自己越来越成为自己所期望的人物。

(三)需求理论的实际应用

1. 生理需求的应用

生理需求级别最低,比如对食物、水、空气、性欲、健康的需求。
激励措施:改善物质生活环境,给予更多的休息时间。

2. 安全需求的应用

安全需求也是低层级的需求,包括对生活稳定、人身安全、免受痛苦、威胁或疾病等。
激励措施:提高完善的规则和制度,比如给学生以安全的学习环境,给职工以完善的保险,给退休人员以安享晚年的社会福利和生活保障等。

3. 爱与归属感需求的应用

爱与归属感属于较高层次的需求,比如对友情、爱情以及性亲密的需求。
激励措施:提供团体间社交往来机会,提供支持与赞许,提供和谐开放的交互环境。

4. 尊重需求的应用

尊重需求属于较高层次的需求,既包括能力、成就等内部需求,也包括名声、地位等外部需要。
激励措施:给予中肯的表扬和适当的奖励,赞扬其高超的技巧。以荣誉和奖金的方式进行激励。

5. 自我实现需求的应用

自我实现需求是最高层次的需求,是在前面四项需求都得到满足之后,进而展开追求的一种高级需求。

激励措施:帮助一个人施展才华和优势,给予支持和鼓励,为他人提供发挥潜能的机会。

(四)需求层次理论的价值

1. 马斯洛需求理论的积极因素

(1)人的需求实现是由低级到高级逐步实现的,规律是无可置疑的。

(2)马斯洛指出,人在不同的阶段都有一个占主导地位的需求,其他需求成为从属需要。

(3)需求理论的基础是人本主义心理学,认为内在价值和内在潜能得以实现是人类的本性。

2. 马斯洛理论的消极因素

(1)具有人本主义的局限性。过分强调了先天遗传对人的作用,忽视了社会环境对人的影响。

(2)强调了需求层级的程序化,忽视了人的主观能动性。

(3)需求归属除了有层级倾向外,还有层叠倾向,并且同时期的需求之间又会相互影响,进而导致动机之间的矛盾和冲突。

(4)需求满足的标准和程度是模糊不清的,而且其相互之间的联系并不明显。

二、自我决定理论

(一)理论阐述

自我决定论是由德西和莱恩(Deci & Ryan)在1975年提出的,又称为认知评价理论,是指人对客观事件、事物的看法和评判。该理论认为控制行为的外部强化无视个人的自我决定,促使人们把自己的行为认知视为由外部所决定的,因此导致内在动机降低,使本来具有内在兴趣的活动必须依靠外在奖励才能维持。

德西通过实验发现:某些情况下,当外在奖励和内在奖励可以兼得时,人们不但不会增强工作动机,反而会减低工作动机。此时,动机强度会变成两者之差。人们把这种规律称为"德西效应"。

自我决定是一种基于经验的选择倾向,是在充分地认识个人需要和环境条件的基础上,个体对自己的行动做出的选择。它强调自我在动机过程中的能动作用。自我决定论将人类行为分为自我决定行为和非自我决定行为,认为内驱力、内在需要和情绪是自我决定行为的动机来源。

自我决定论将自我决定的程度高低视作一个连续体,认为社会环境可以通过支持自主、胜任和关系三种基本心理需要的满足来增强人类内部动机,同时促进外部动机的内化以及保证人类健康成长。自我决定理论为众多动机理论的整合提供了基础。

"德西效应"表明,当内在动机充分时,如果此时额外增加外部奖励,或者说过分强调外在奖励,不仅不会增加个体的动机,反而会减少个体的动机。因为这会使个体感觉自己不是自觉的行为,而是为了获得外部奖励而为之。

认知评价理论认为激励因素可以分为两类:

(1)内在激励因素:工作目的就在于工作本身,人是为了工作而工作。

(2)外在激励因素:工作目的不在于工作本身,而在于获得外部的奖赏,工作只是获得奖赏的工具。

(二)自我决定论的动机分类

1. 内部动机的类型

内部动机是人类固有的一种追求新奇和挑战、发展和锻炼自身能力、勇于探索和学习的先天倾向(Deci 和 Ryan,1985)。它与个体的内部因素密切相关,比如兴趣、性格特点、满足感等,代表了自我决定的原型。基本分为如下三种类型:

(1)了解刺激型:是指个体为了获得知识和探索周围世界从而满足个人兴趣的动机类型。

(2)取得成就型:是指个体为达到某一目标,主动迎接挑战、超越自我。它比了解刺激型动机具有更多的自我决定成分。

(3)体验刺激型:它是自我决定程度最高的内部动机形式,个体把行为完全接纳为自我的一部分。在这种情况下，个体从事某种活动是为了行为本身内在的快乐。

2. 外部动机的类型

外部动机是指人们不是出于内部因素，而是为了获得某种可分离的结果而去展开行动的倾向。自我决定论根据个体对行为的自主程度由低到高，把外部动机也分为三类：

(1)外在调节型：是指个体的行为完全遵循外部规则，其目的就是为了满足外在要求或是获得报酬奖励的一种动机类型。外在调节是外部动机最具控制的形式，没有内化发生，个体行为完全受到行为结果的影响。

(2)摄入调节型：是指个体吸收了外在规则，但没有完全接纳为自我的一部分，是相对受到控制的动机类型。之所以选择这一行为更多的是为了避免焦虑或责怪，甚至避免失败，或是增强自我以维持价值感，但并没有体会到是自我的真正部分。

(3)认同调节型：是指个体对某一行为目标进行有意识的评价，如果认为这一行为是重要的，就接纳为自我的一部分。个体更多地体验到自己是行为的主人，它含有更多的自主或自我决定的成分，是最具有自主性的外部动机形式。

3. 动机缺乏

动机缺乏的特点是个体认识不到自身行为与结果之间的联系，没有任何外在的或内在的调节行为以确保活动的正常进行，是自我决定程度最低的动机类型。

(三)自我决定论的价值

自我决定论论述了自我在动机过程中的主动选择作用，认为人具有灵活控制自身和环境之间的互动作用，具有一定的时间指导意义，也是当前动机理论的研究趋势。但是同时它也具有一定的局限性，比如忽视了人类动机行为的复杂性。

自我决定论对运动动机的影响很大，比如教练可以据此关注运动员的主要动机，并通过适当的调节，引导运动员作出更为积极的行为。

三、成就动机理论

美国哈佛大学教授麦克莱兰是20世纪50年代研究成就动机最具影响力的代表人物之一,他创立了著名的社会成就动机理论。美国著名心理学家阿特金森在麦克莱兰理论的基础之上做了进一步的发展,提出了影响深远的"成就动机理论模型"。

(一)麦克莱兰的成就动机理论

(1)成就动机是个人的一种内在推动力,是个人通过从事有价值的工作并达到理想程度的一种追求,属于后天习得的社会动机。

(2)成就动机有三个基本要素分别为:期望、诱因和需要。

(3)人有两种成就动机:一个是希望成功,一个是害怕失败。

(4)只有当成败的可能性均等的时候,动机最强。因为成功的概率太高或者太低都不会激励人们去努力取得成就。

(5)具有高成就动机的个体具有以下三个特点:

①喜欢接受有挑战性的任务,并希望能独立完成。

②具有明确的行动目标。

③及时了解自己的任务情况和反馈评价。

(二)阿特金森的成就动机理论

阿特金森认为,广义的成就动机分为两类:一是追求成功的动机,表现为趋向目标的成功;二是害怕或者避免失败的动机,表现为逃避成就行为,避免预料到的失败。当个体追求成功的动机高于避免失败的动机时,便会去追求目的的达成。当避免失败的动机更强烈时,他会选择那些减少失败的目标。而当两种动机相当时,则会感受到严重的心理冲突。

成就动机相对较强的人倾向于选择中等难度的任务,因为中等难度的任务存在较高的成功可能性;而害怕或避免失败动机较强的个体会避免选择中等难度的任务,因为中等难度的任务很容易与他人进行比较,他们更倾向于挑战成功可能性极小的高难度任务,那样的话即便没有成功也并非是真的失败,因为其他人也一样不能成功。

（三）影响成就动机的因素

(1) 成就动机的高低与成长环境和家庭教育相关。
(2) 经常参加社会竞争或者冒险性活动的人具较高的成就动机。
(3) 个人的过往成绩与成就动机成正比。
(4) 个人对任务难度的认识影响成就动机。认为任务难度过高或者过低都不会产生强烈的成就动机。

四、成就目标理论

成就目标理论是以阿特金森的成就动机理论为基础，在美国心理学家德威克(Dweck)能力理论基础上发展起来的一种社会认知取向的动机理论。

（一）不同的能力观选择不同的成就目标

德威克认为人们对智力和能力的看法普遍分为两种情况：能力增长观和能力实体观。能力增长观认为人的能力是可以通过学习和进步得以提高的，而能力实体观认为智力和能力是天生的，是固定不变的。持有两种观点的人，在追求成就目标时也存在差异。能力增长观的个体更倾向于追求掌握新知识和提高自身能力，即学习目标，而能力实体观个体更加倾向于证明自己的能力，而避免得到消极评价，即成绩目标。

（二）掌握模式和无助模式

德威克发现，在面对失败或者挑战情境时，人们存在两种不同的动机模式：掌握模式和无助模式。具有学习目标的个体关注自身能力提高和掌握更多的知识，因而更易于形成掌握模式；而具有成绩目标的个体更关注自身的能力和外界评价，易于形成无助模式。两种动机模式在认知、情感和行为方面表现出不同的特点。

（三）成就目标理论的发展

一般来讲，具有掌握目标的个体倾向于能够运用深加工策略和自我调节策略，面对困境具有高坚韧性，愿意选择挑战性任务并适当地寻求帮助，且内部动机高，具有创造性。

成绩目标的个体以追求高分成绩和证明自身能力为成就目标，他们更关注他人对自己的评价，并且争取积极评价和避免消极评价。由此又分为两类：成绩—接近目标和成绩—回避目标。成绩—接近目标关注自己是否比他人更有能力或者更聪明，指向于他人的积极评价。而成绩—回避目标关注的是不比别人更差，指向于回避对能力的消极评价。成绩—接近目标对动机具有一定的积极促进作用，但是又不利于一些适应性策略，比如不易于向他人求助。成绩—回避目标则导致消极的认知、动机和行为表现，属于非适应性模型。

五、强化动机理论

强化理论是由联结主义心理学家提出的，是指如果一个动作或行为跟随情境中一个愉悦性结果，即获得奖励性结果，那么在类似情境中动作重复的可能性就增加，反之则减少。例如，在行为之后给予正强化会对行为具有增强作用，强化是形成和巩固学习技能的重要条件。比如奖励和积极评价会增强动机，同理，漠视和批评会减弱动机。

第四节　运动员运动训练动机的科学培养与激发

动机培养是指从没有动机到形成动机的过程。动机的激发是指将已有的潜在动机充分挖掘、调动起来的过程。培养是激发的前提，而激发又可以进一步加强已有的动机。对于运动员的运动训练动机的培养与激发而言，满足其相应的需求是关键。

第三章　运动员训练过程中动机的科学建立

一、对运动员运动动机的培养与增强

(一)通过满足不同需求进行动机培养

对运动员来讲主要有四种需求,即追求乐趣的需求、展示自我的需求、归属感的需求和自主权的需求。

1. 运动乐趣

体育运动的魅力之一就是具有强烈的趣味性和挑战性。很多运动员加入体育事业的最初都是因为感受到运动带来的乐趣,并由此引发出强烈的内部动机。因此,教练员应该在安排训练和比赛的过程中,应该注意提高运动本身的趣味性和挑战性,要有意识地培养和维护运动员的内部动机。比如,使训练难度与运动员的能力相适合,保持训练方法和手段多样化,让每个运动员在训练中都具有一个和自身能力相当的角色和任务,并且能在完成任务的过程中享受到运动的乐趣。

2. 展示自我的需求

当个体对自己的能力和技术认知是积极的、充满信心的,并且认为自己具有在比赛中获胜的能力和信心,即自我价值感,是运动员最为宝贵的精神财富。当这种自我价值感高昂时,运动员在认知上、情感上以及行动上都具有高动机水平,从而对训练和比赛都具有积极影响。作为教练应该尽力去保护和呵护运动员的这个信念。对于那些遭遇失败的运动员,或者在重要比赛失利而令其自尊心受到打击的运动员,教练应该及时地给予疏导,引导其进行积极归因,并通过创造积极的训练环境和训练计划,让他体验到经过努力最终获得成功的积极经验。

3. 归属的需求

人人都有归属需要,体育运动能使人获得团体归属感甚至荣誉感,从而摆脱孤独,在心理上获得某种支持。教练可以用集体目标、集体荣誉感来激发个体的动机,让他们感受到自己是集体的重要一员,感到自己在团队中的角色是很重要的,是有价值的,是被需要的,使他们愿意为了自己所在的集体而努力拼搏,从而和集体产生更强的关系与归属。

4. 自主权的需求

许多研究发现,给人以控制自己生活的权利以加强动机、提高成就、促进责任感,最终实现自我价值。而否认个人控制自己生活的权利时,会损害运动员的内部动机。因此,教练应该给予运动员一定的自主权,比如在一定的指导范围内,让他们自己制定训练计划并对结果负责。同时需要注意的是,在给予自主权的时候要考虑以下一些情况。首先,要客观评估运动员的实际能力和水平,有选择地、部分地给予自主权,要具体情况具体分析,不能一概而论。其次,在下放自主权之前,应该先耐心地进行指导和充分的训练,不要急于求成。最后,教练应该具有一定的共情能力,可以站在运动员的角度思考问题。

(二)引导运动员进行积极归因

归因的方式直接影响着个体的长期行为动机,同时也影响着他们的认知、情感和行为表现。有研究显示,努力这一可控要素与期望改变未来的行为结果有着相当大的相关性。而个体往往拥有着一种相对稳定的归因倾向,或者说个人存在一定的归因偏见。那么教练应该及时地对运动员的差异进行识别和积极引导。

二、对运动员运动动机的激发

(一)直接激发动机

一般有三种方法可用于直接激发运动员的动机,它们分别是:认同方法、依从方法和内化方法。教练员可以结合实际情况,因人而异、因时而异地运用于日常训练之中。

1. 认同方法

所谓的认同方法是指利用教练员与运动员之间的感情和关系,对运

第三章　运动员训练过程中动机的科学建立

动员的运动动机进行策略性的扰动和激发。要成功地运用认同方法需要教练与运动员保持良好的关系，使运动员信任教练，并且愿意为教练的要求承担责任和付出努力。

2. 依从方法

依从方法是借助外在的奖励或者惩罚手段来激发运动员的动机表现的有效方法。这个方法特别适合那些年龄较小、还没有形成自己的行为规则和习惯，或者是那些自我观念比较淡薄的运动员。

3. 内化方法

内化方法是通过启发信念和价值观来激发内部动机的方法。比如肯定运动员的刻苦努力、责任感和目标感，使运动员对自身价值和行动具有充分的信心。

在实际运用过程中，应注意三种方法应灵活运用，比如对于尚不成熟的运动员，认同方法和依从方法比较适合，但是对于已经成熟的运动员，内化方法会更适合。另外，因为每个人特点不同，有的运动员更适合外控归因，那么认同方法和依从方法更适用，有的运动员倾向于内控归因，那么更适合内化方法。

(二)间接激发动机

通过改变环境也是一种有效地激发运动员动机的方式，比如改变教学或者训练场地，提高训练设备条件，改变传统的训练方式，改变分组方式，增加积极评语，减少消极评语等。总之，在安排日常训练与比赛项目时，教练都应该精心策划和设计每个具体环节，使原本艰苦枯燥的训练有更多的趣味性和启发性，使原本紧张、充满挑战性的比赛更加具有价值观和意义感，并赋予运动员使命感，加强其归属感等。

(三)交叉利用内外动机

一个人的动机是复杂的，并且会随着时间或事件的影响而发生变化。因此，成熟的教练一定要把握好时机和环境，有效地针对内部动机和外部动机进行激发。没有一个单一的方法是最有效的，好的方法一定是因人而异的,因为每个运动员的成长经历、性格特点、文化修养、家庭环境、归因特点和自我成熟度都不尽相同,并不存在同时适合所有人和所有情况的万能方法。另外,内部动机和外部动机应该相辅相成,共同发挥作用。

(四)善用运动气氛

对于一个团队来讲,运动气氛是不容忽视的重要因素。运动气氛的营造关键在于教练等团队的重要人物的态度和行为指向。如果教练强调成功,鼓励竞争,重视成败,那么个体更倾向于自我定向,这就是表现动机气氛。如果教练常常鼓励运动员实现自我突破,按照自己的节奏不断进步,强调技能的掌握,那么个体将倾向与任务定向,这就是掌握动机气氛。

另外,掌握气氛与积极的情绪成正相关,例如满足、享受、内在动机、参与性、积极的应对策略、努力进取等。这些又会反过来增强和激发运动动机。

由目标定向理论可知,掌握气氛优于表现气氛。有研究显示,运动员在掌握气氛中比在表现气氛中有更好的表现。

(五)善用外部反馈

对于任何学习者或者运动员来说,了解自己的学习和训练结果是非常重要的环节,会带来积极的奖励作用,让运动员知道自己经过一定的努力之后达到的实际效果或者水平,可以激发他们焕发更多的动力和更高的愿望。同样的,通过反馈可以清楚地了解自己的错误和薄弱环节,及时地纠正和调整训练方法,同样也可以增强自信心。因此,教练应该及时对运动员的阶段进展给出客观的反馈。

(六)自我激励

另外,除了来自外部的对运动动机的培养与激发之外,运动员的自我激励也是必不可少的。相对来说,自我激励是相对稳定和持久的人格的一部分,优秀的运动员一般都有较强的自我激励能力。

第四章　运动员训练过程中心理特征的科学培养

运动员的心理特征对其运动训练效果和比赛成绩有重要影响,其中包括自信、智力、人格等要素。理想的自信心、较高的智力以及健全的人格等心理品质是运动员取得理想训练效果和优异比赛成绩的一个重要决定因素,本章从这些心理素质特征入手提出培养运动员自信、提升运动员智力水平以及健全运动员人格的科学方法,最终促进运动员心理素质及综合竞技能力的提升,为其在比赛中取得好成绩提供保障。

第一节　运动员自信的科学养成

一、运动员自信心的基本认识

在一些运动员看来,相信自己能获胜就是有自信心的表现,但运动员从现实出发对获胜抱有希望才是真正的自信。运动员经过不断的训练和比赛,积累了丰富的实践经验,体验了成功与失败,在每一次比赛前都会向往成功,这种向往是自信的表现,也是人格的重要因素。在运动员的选材与评价中,我们也将自信心作为一个重要指标来参考。

运动员的自信心应该建立在现实的且相信经过自己努力可以实现预期目标的基础上,而不是脱离现实盲目说自己一定能取得什么样的成绩。有自信的运动员总能发自内心地表达自己能够做些什么的意愿,而不是说大话。

缺乏自信的运动员存在一定的自卑心理,自卑和盲目自信或过度自信是两个截然相反的心理特征,不管是自卑还是过度自信都是不可取的。从自卑到过度自信是心理变化的一个连续性过程,在这个过程中介于自卑和过度自信之间的理想自信心是运动员应该有拥有的心理特质和运动素养。运动员的自信程度会影响其在运动场上的表演竞技效果,如图 4-1 所示。

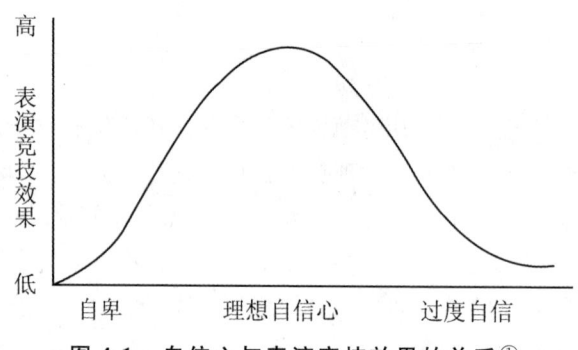

图 4-1 自信心与表演竞技效果的关系[1]

从上图来看,如果运动员拥有理想自信心,那么其就能取得最佳竞技表演效果,而如果没有理想自信心,存在自卑心理或盲目过度自信,那么都将导致表演竞技效果下降。自卑的运动员总觉得自己什么都做不好,所以在竞技场上畏手畏脚,不敢表现,影响最终运动表现效果;而盲目自信的运动员认为自己不需要提前做准备也能取得好成绩,所以在运动场上遇到意外因素的干扰时毫无防备和应变能力,最终影响了比赛成绩。

下面具体分析运动员理想自信心、自卑以及盲目自信三种心理特征。

(一)理想自信心

当运动员有理想的自信心,其在设定训练和比赛目标时总能从自身实际能力出发,使制定的目标符合自己的能力。聪明的运动员总是和过去的自己作比较,希望每次比赛都能超过自己上次比赛的成绩,自信的运动员了解自己的能力限度,总能在极限范围内取得理想成绩,而对于

---

[1] 王刚. 运动与心理[M]. 成都:四川教育出版社,1993.

第四章 运动员训练过程中心理特征的科学培养

不现实的目标,他们不会盲目去追求,但当他们有能力突破自己的极限,提高自己的极限水平时,他们也会付出百分百的努力。

理想自信心对运动员而言是非常重要的,除此之外,运动员还必须有良好的体能、技能,只有体能素质好、技能强,运动员才能更有信心,如果运动员只有自信而没有实力,那么就是盲目自信。

部分运动员认为自信心具有免疫功能,能够使自己少犯错或避免犯错,有自信心的运动员确实少犯错,但并不是说自信对错误免疫,事实是,运动员的自信心对其来说是一个非常有价值的武器,能够使其很好地预测与处理问题,当运动员怀疑自我价值时,就会努力改正自己的不足。所以说,当教练员发现运动员存在问题时,不要立即惩罚,而要给运动员自我处理的机会,使其运用自己的自信心这个强大武器去改正错误。

(二)自卑

自卑的人有一个共性,即经常自我怀疑,当他们预见自己可能会成功时,自我否定与质疑的心理活动就开始了,许多运动员都不能摆脱这个自我否定与怀疑的心理牢笼,对他们来说,走出这个心理困境非常难。经常自我怀疑的运动员本来自己可以成功,最后也在自我质疑中以失败告终,最终他们还会认为自己的质疑是没有错的,自己本来就不可能做到,而且会因为一次次的失败而更加自卑,这种自我否定使其失败的被动期望进一步增加,形成恶性循环,如图 4-2 所示。

(三)盲目自信

当运动员的自信心超出自己的能力极限时,就属于盲目自信。运动员的盲目自信主要分下面两种情况:

第一,运动员认为自己的实力比自己在运动场上展现出来的能力更强,再加上教练员或其他人员对他们的骄纵与过度赞美,使其过度自信,但最终的训练效果和比赛成绩却总不能令人满意。

第二,有些运动员的自信只是表现在外表上,实际上内心总是自卑和自我怀疑的。

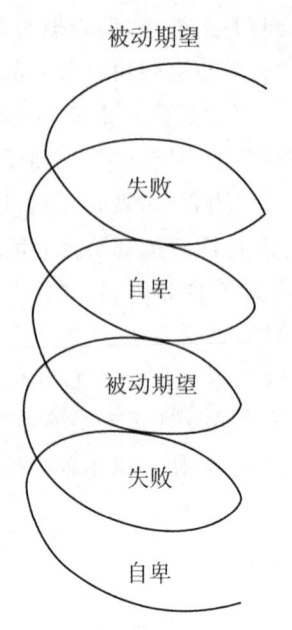

图 4-2　自卑引起的消极循环链[1]

运动员如果盲目自信,那么他们总会以一种傲慢的态度对待比赛,运动场上的表现显得轻浮,自命不凡的运动员总是自以为是,看不起竞争对手,这种心理不仅对自己的运动表现有消极影响,而且会影响整个团队的合作和集体荣誉。

自信的运动员对自身能力和潜力的判断是准确的,对真伪有正确的区分,但过度自信的运动员不能精确判断自己的能力,不能真实体察现状。过度自信的运动员经常悠闲自在,不用心训练,认为自己即使不努力也能赢得好成绩,而自信的运动员却总能朝着自己的目标而努力,不断提高自己的竞技水平。

二、运动员自信测量

表 4-1 是运动员焦虑与自信心测量表,通过测量,既能了解运动员的焦虑心理,又能判断运动员的自信心。这种测量方式便于操作,测试

---

[1] 王刚. 运动与心理[M]. 成都:四川教育出版社,1993.

第四章 运动员训练过程中心理特征的科学培养

结果可靠,大大提高了测试的有效性。表中列出了运动员在赛前可能存在的一些心理,1、2、3、4分别代表"从来没有""偶尔""有时""总是"四种选项,运动员要根据自己的内心感受而如实选择。

表4-1 运动员焦虑与自信心测量表[1]

测量内容 \ 选项	从来没有	偶尔	有时	总是
(1)我对比赛有信心	1	2	3	4
(2)我感到疲乏无力	1	2	3	4
(3)我担心失败	1	2	3	4
(4)我担心我的朋友怎么想、怎么说	1	2	3	4
(5)我有信心应对比赛的挑战	1	2	3	4
(6)我感到心神不安	1	2	3	4
(7)我担心对手比我强	1	2	3	4
(8)我担心会让我的朋友失望	1	2	3	4
(9)我很有信心,因为我在内心已达到自己的目标	1	2	3	4
(10)我感到烦躁	1	2	3	4
(11)我担心发挥不好	1	2	3	4
(12)我担心会让队友失望	1	2	3	4
(13)我对自己充满信心	1	2	3	4
(14)我感到全身发软	1	2	3	4
(15)我担心比不过对手	1	2	3	4
(16)我担心教练会怎么想、怎么说	1	2	3	4

上表中,第1、5、9、13题是测量运动员自信心的,每道题分数相加,总分越高,运动员越自信。

除上述四道题外,其余题是测量运动员焦虑心理的,具体分为以下三种情况:

---

[1] 张忠秋.优秀运动员心理训练实用指南[M].北京:人民体育出版社,2007.

(1)第3、7、11、15题是测量运动员失败焦虑的,每道题分数相加,总分越高,焦虑越严重。

(2)第2、6、10、14题是测量运动员躯体焦虑的,每道题分数相加,总分越高,焦虑越严重。

(3)第4、8、12、16题是测量运动员社会期待焦虑的,每道题分数相加,总分越高,焦虑越严重。

三、运动员自信心的培养方式

在日常运动训练和竞技运动员培养中,教练员可以采取多种方法来培养与提升运动员的自信心,下面分析几种有效的培养方式,教练员和运动员要根据实际情况而选用,在培养与训练中不断强化,以促进运动员良好自信心的形成和积极思维习惯的养成。

(一)注意可控因素

普通人遇到自然灾害时,心里害怕、恐惧、极度紧张,运动员在参加比赛前也会出现害怕、紧张、焦虑的心理,这两种紧张、害怕心理虽然是在不同的情境下产生的,但二者之间有共同点,主要表现在下列两个方面:

共同点一:不确定性。运动员在重要赛事前不确定自己是不是有把握取得胜利。引起紧张情绪的因素越不确定,就会产生越强烈的紧张心理。例如,运动员在预赛中,如果有很大的把握获得胜利,或者只有非常小的把握能获得胜利,那么运动员都不会有太强烈的紧张心理,因为不确定性较小。而如果在决赛中,运动员和对手实力差不多,获胜或失败的概率各占一半,那么运动员就会产生很强烈的紧张心理。

共同点二:不可控性。比赛进程不完全由运动员所掌控,场地器材、自然环境、裁判、赛场氛围、对手等因素都会影响比赛进程。通常,诱发紧张心理的因素越不可控,就会产生越强烈的紧张心理。

运动员面对影响比赛成绩的不确定和不可控因素,自信心就会受到打击,要避免出现这个问题,就要将可控因素和确定因素找出来,对这些因素予以积极干预和操纵,提高运动员对比赛成绩的把握性,提升运动员的自信心。

第四章　运动员训练过程中心理特征的科学培养

对不同的运动员来说,影响比赛成绩的各种因素的可控性大小是不同的,运动员要先清楚什么因素会影响运动成绩,把这些因素记下来,然后教练员把所有运动员列出的因素综合起来,常见因素见表 4-2。

表 4-2　影响比赛成绩因素的可控性[①]

比赛成绩影响因素	可控程度
天气	1 2 3 4 5 6 7 8 9
准备活动	1 2 3 4 5 6 7 8 9
场地裁判	1 2 3 4 5 6 7 8 9
比赛器材	1 2 3 4 5 6 7 8 9
饮食、营养	1 2 3 4 5 6 7 8 9
体能	1 2 3 4 5 6 7 8 9
情绪	1 2 3 4 5 6 7 8 9
技术	1 2 3 4 5 6 7 8 9
战术	1 2 3 4 5 6 7 8 9
对手发挥	1 2 3 4 5 6 7 8 9

上表中 1—9 分别代表不同程度的可控性,1 指完全不可控,9 指完全可控,中间数字代表从完全不可控到完全可控的中间程度。数字越小,可控性越弱。不同的运动员对上表中各项因素的可控程度有不同的认识,要根据自己的真实想法勾选。

当所有运动员勾选完上表后,教练员回收表格,对表中各项影响因素的平均可控性分数进行计算,运动员将自己的勾选结果和教练员计算出来的平均程度作比较,如果差别很大,可以说出自己的理由。教练员要多引导运动员对可控因素的关注与操控,发挥积极因素的重要作用,避免不良因素给比赛带来的负面影响。

(二)正面语言暗示

运动员在比赛场上的心理定向与运动表现会受到语言暗示的影响,

---

① 张忠秋.优秀运动员心理训练实用指南[M].北京:人民体育出版社,2007.

当面临重大比赛或处在重大比赛中时,运动员为了建立心理定向,常常用积极正面的语言暗示自己,这有助于提升运动员的自信心,使运动员在比赛中有更好的行为。

有关研究表明,同样是语言暗示,积极语言暗示和消极语言暗示所起到的效果是截然相反的。用"果断""你能行"等积极语言暗示自己的运动员更容易保持自信,从而有更好的运动表现;而用"别担心""别失误"等消极语言暗示自己的运动员会起到相反的效果,导致自信心下降,在比赛过程中频繁失误和出错,与队友配合不好,不能理解教练员的意图,最终影响比赛成绩。因此,运动员要增强自信,充分发挥自己的竞技能力,要养成用积极正面语言暗示自己的习惯。

运动员在赛前和赛中经常会用语言默默暗示或提醒自己,可以将常用的语言写在训练日记中,将其中的消极成分找出来,然后用积极语言替换。例如,用"放松"替换"别紧张",用"果断一点儿"替换"输赢不重要",用"朝对方右侧发球"替换"千万不要失误"……

将默念积极提示语作为日常训练的内容之一,对运动员用积极语言暗示自己的习惯进行培养,以增长其自信心。

运动员用积极的提示语暗示自己,要提示自己应该怎么做,而不是哪些不能做,因为比赛中可能有太多影响比赛成绩的行为不该做,而应该做的事或对比赛有益的事是明确可以做的,做确定对比赛有益的事能够提升获胜的概率。

(三)想象成功的情景

当人的大脑中主动形成一种表象时,大脑的神经冲动会通过传出神经诱发腺体的神经化学变化,迅速导致靶器官的外显变化。同样的道理,当运动员的大脑中主动形成一种运动表象时,大脑的神经冲动通过传出神经传至相关肌肉,诱发微细的肌肉动作。[①] 虽然肌肉动作不像实际运动时肌肉活动那么明显、强烈,但运动模式却类似于实际动作。如果运动员能够主动建立正确的动作表象,想象成功时的情景,那么有助于促进自信心的提升与保持。

---

① 张忠秋. 优秀运动员心理训练实用指南[M]. 北京:人民体育出版社,2007.

第四章　运动员训练过程中心理特征的科学培养

运动员可参考以下方法想象成功情景：

(1)运动员训练时，教练员为其录像，主要录关键动作。

(2)运动员训练时，以录像的形式将其成功动作或高质量动作记录下来。

(3)训练结束后，运动员反复观看教练员为自己录下来的成功动作。

(4)睡前大脑中回忆今天训练中完成的成功动作的表象，以形成并强化正确动作表象。

(5)比赛前想象自己在平时训练中所做的成功动作，尤其是关键技术的高质量动作。

运动员通过想象成功的情景来提升自信时，以下几方面需要注意：

(1)要形成良好的习惯，使动作表象更加稳定、清晰，并提升自己控制想象的能力。

(2)确定表象练习动作时，要以训练任务及预期的练习目标为依据而进行。

(3)注重整体动作表象练习和细节动作表象练习的有机结合。

(4)先想象整体动作和动作要点，然后完成关键动作，不要在动作细节上分配太多的注意力。

(5)观看动作录像时主要是反复观看成功动作，但也要适当看看有问题的动作，以直观地认识自己的问题，积极改正，最终促进成功表象的持久保持。

(四)创设熟悉的环境

有关研究表明，人们在熟悉的环境中更有自信，而在陌生的环境中会感到紧张和局促不安。因为对每个人来说，环境越熟悉，不确定因素就越少，适应起来更容易，不需要专门做一些调整也能很快适应，所以在熟悉环境中的人是自信的。但是运动员参加比赛总要穿梭于全国各地和全球各地，除了自己的主场，其他比赛场地对运动员来说都是相对陌生的，在充满不确定的陌生环境中，运动员容易焦虑、紧张，没有自信。要解决这一问题，就要尽可能为运动员创造熟悉的比赛环境，具体做法如下：

(1)运动员在比赛中多注视自己熟悉的教练、队友和比赛物品。

(2)运动员出国比赛可以随身携带自己的日常用品，这样即使在异国他乡,也会有亲切感。

（3）运动员在比赛中多关注中国观众的加油呐喊声,获得来自同胞的鼓舞,这样会更有自信。

(五)提前准备方案

运动员在比赛中的自信主要源于自己的实力和充分的准备。提前做好各方面的参赛准备对提升自信有重要意义,可以说提前制定准备方案是在比赛中保持自信的基础与前提。比赛准备方案需要由教练员和运动员共同制定,方案的格式并不固定,没有统一标准,但基本原则是提出"如果……"的假设,然后写出"我会……"的对策,即预测比赛中可能出现的问题,然后提出解决方式。具体可参考表4-3。

表4-3 参加奥运会帆船比赛准备方案[1]

参赛项目:帆船

运动员姓名:×××

如果……	我会……
比赛器材准备仓促	1. 正确对待,冷静处理 2. 相信自己的技术实力 3. 尽快了解器材的性能、特点 4. 重点考虑受风中心与以往训练用帆的差距;多做转向练习,熟练掌握板体侧阻中心
赛前对场地不熟悉	1. 仔细观察风源及地形对风力风向的影响 2. 仔细观察掌握各风向的风区风摆的变化规律 3. 注意岸边风向曲线的变化及风力减弱区 4. 明确每日一潮的规律,面对大海从右向左 5. 了解最高流速的时间

---

[1] 张忠秋.优秀运动员心理训练实用指南[M].北京:人民体育出版社,2007.

第四章 运动员训练过程中心理特征的科学培养

续表

如果……	我会……
在赛前训练上与教练员有分歧	1. 综合分析自己观点的是否正确 2. 与教练沟通,理智提出自己的观点与道理 3. 注意与教练沟通的场合和方式方法 4. 稳定情绪
赛前训练安排过量	1. 主动向教练员提出自己的感受 2. 及时有效做放松恢复训练 3. 找队友做相互恢复性按摩 4. 向有关领导提出合理化建议

(六)夸大外部动作

培养运动员的自信心,要先正确认识运动员的角色,他们首先是独立的社会个体,其次是运动员,所以既要培养他们作为独立社会个体应该具有的一般自信心,也要培养他们在运动员角色中应该拥有的特殊自信心。一般自信和特殊自信是相互联系的,下面主要分析如何通过夸大外部动作来培养运动员的一般自信。

(1)平时做事时,尽可能做出迅速的反应和敏捷的动作。

(2)日常生活中与他人面对面沟通时做到以下几点:

①正视对方,目光不要躲闪。

②保持微笑。

③大大方方地回答问题,声音洪亮。

④说话时配合一些大幅度的手势动作。

(3)在日常交际中与他人握手时,手臂要有力量,而且这种力量也要让对方感受得到。

(4)优秀运动员有时出席活动需要签名,把名字写在显眼的地方,写得大一点儿。

第二节　运动员智力的科学提升

一、运动员智力的基本认识

(一)智力

智力是在推理、判断、解决问题、决策等高级认知过程中表现出的能力。智力的同义词是一般能力,它是在特定情境中的所有特殊能力的基础。

(二)运动员智力

运动员智力指的是运动员在运动训练或竞技比赛中运用基础和专项理论知识来认识训练和竞赛的一般或特殊规律并解决现实问题的能力。运动员所需要的智力实际是其所具备的知识和能力的综合体现。一方面,大脑是知识的载体,而不会动脑的人难以成为一名优秀运动员;另一方面,知识是智能的源泉,知识的深度与广度同智能水平有直接联系。因此,运动员的智能也可以认为是运动员运用知识和信息来分析和解决运动训练和比赛中各种实际问题的能力。[1]

二、运动员智力训练与提升

运动员智力的构成如图4-3所示。

培养与提升运动员的智力,要从运动智力的构成要素着手,全面提高各项智力。下面具体分析运动智力各要素的训练与提高方法。

---

[1] 彭亦兵.优秀运动员素质教育导论[M].哈尔滨:哈尔滨工程大学出版社,2008.

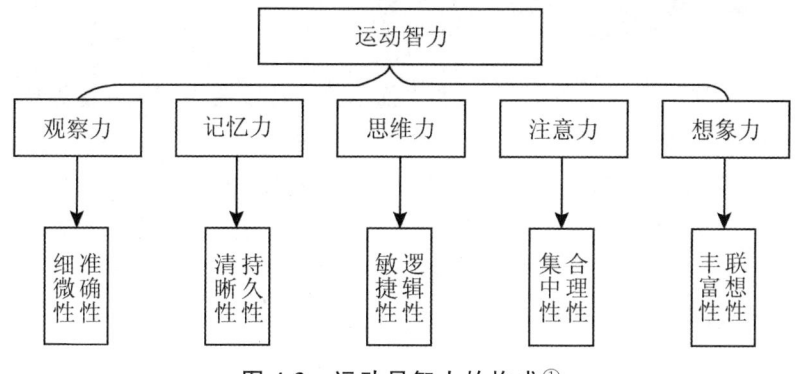

第四章　运动员训练过程中心理特征的科学培养

图 4-3　运动员智力的构成①

（一）观察力训练

激烈的竞技比赛对运动员观察能力和判断能力都提出了很高的要求。因此在运动员智能培养中，要重视对其观察力的培养，运动员只有拥有一定的观察力，才能进一步发展良好的判断与分析能力。对运动员观察力的培养应体现在日常训练中，如体能训练、技术训练中，比较常见的方法是让运动员在训练中边观察边记录，以日记的形式呈现自己观察的结果。观察的主要内容是队友的动作和整个团体的协作能力，通过观察判断正误，评价团队的综合能力。

（二）记忆力训练

运动员参加训练和比赛都需要有良好的运动记忆力，记忆能力强的运动员能够在比赛中连贯完成完整的动作，并表现出较高的水平。在日常训练中，教练员要提醒运动员通过不断练习来加强记忆，重复练习是培养运动记忆力最有效的方式。运动员在日常训练中如果遇到技术性问题，教练员可通过播放比赛录像来帮助其解决问题，这能使运动员熟记原本掌握不好的技术，也能加深运动员对这类动作的理解，从而在比赛中调动记忆来完成这类动作。

---

① 胡亦海．竞技运动训练理论与方法[M]．北京：人民体育出版社，2014．

(三)思维能力训练

在运动员智能培养中,思维能力的培养非常重要。应该将这类智能因素的训练贯穿于训练始终,教练员要做好引导工作。日常训练中对运动员思维能力的培养应具有针对性,强调实效性,重点培养运动员良好的思维习惯,如独立思考的习惯、自主分析与解决问题的能动性等。在思维能力的训练中,主要采用启发性的训练方法,创设训练情境,引导运动员发现问题及思考如何有效解决问题。

(四)注意力训练

竞技体育运动普遍要求运动员有良好的注意力,但项目不同,具体要求也有差异,如有的项目更强调运动员集中注意力的能力,有的项目则侧重于分配注意力的能力,有的项目在这两个方面都有要求,因此,在日常训练中要重视对运动员注意力集中能力和分配能力的培养,使运动员主动排除干扰,将注意力集中到训练或比赛中,集中到自己的动作中,集中到团队的整体协作中。为了提高培养运动员注意力的效果,可以适当增加训练难度,如在复杂的环境下组织训练,在有观众噪声的环境下进行训练等,使运动员自觉屏蔽干扰,专注训练。

(五)想象力训练

人的想象力经过科学训练与培养是可以得到提高的。因此,可以在日常训练中培养运动员的运动想象力。下面分析两种培养方法。

1. 表象练习

(1)木块练习

想象有一块方木块六面都是红色,然后回答以下问题(凭表象操作得出答案)。

①用刀横切木块,一分为二,此时有几个红面、木面?
②再纵切木块,二分为四,此时有几个红面、木面?
③在右边两块中间纵切,四分为六,此时有几个红面、木面?
④在左边两块中间纵切,六分为八,此时有几个红面、木面?

⑤在上部四块中间横切,八分为十二,此时有几个红面、木面?
⑥在下部四块中间横切,十二分为十六,此时有几个红面、木面?

记录从提出问题到回答问题所用的时间(秒),答案见表4-4。

表4-4 木块练习的答案[1]

序号	心理操作方法	红面	木面	总计面数	方块数	用时(秒)
1		10	2	12	2	
2		16	8	24	4	
3		22	14	36	6	
4		28	20	48	8	
5		38	34	72	12	
6		48	48	96	16	

(2)五角星练习

准备一个五角星,五个角分别是红、黑、黄、蓝、绿不同颜色。将黑角、红角、蓝角、黄角和绿角分别指向数字1、2、3、4、5,作为基本位置。

用1分钟时间记住五角星的基本位置。然后闭目回答问题,记录用时。

①如果黑角指向3,红角将指向几?
②如果黑角指向4,蓝角将指向几?
③如果黑角指向5,黄角将指向几?
④如果黄角指向2,蓝角将指向几?

---

[1] 李明,曹勇.体育运动心理训练理论与实践[M].武汉:中国地质大学出版社,2015.

⑤如果红角指向4,绿角将指向几?
⑥如果蓝角指向5,黑角将指向几?

2. 运用运动想象进行练习

在运动训练中,运动员进行再造运动想象和创造运动想象,因为二者之间相互包含,所以要将二者结合起来训练,以更好地培养与提高想象能力。[1]

第三节 运动员人格的科学建立

一、运动员人格的基本认识

(一)人格与健全人格

1. 人格

人格是指一个人在个体生活与社会实践中形成的稳定的心理与行为特征的总和(即人的性格、气质、能力等特征的总和),也是个人的道德、思想、灵魂、行为、态度及社会责任等的具体的统一。

2. 健全人格

(1)健全人格的概念与内涵

健全人格是指人格和谐、全面、健康的发展,是与社会环境相适应,为其他社会成员所接受而又充分展现主体个性特征的人格模式。

(2)健全人格的特征

①高尚的价值取向

关心社会进步、人类幸福,以完成重要使命为生活重心。

---

[1] 张力为,毛志雄. 运动心理学[M]. 上海:华东师范大学出版社,2003.

②自主精神

自主精神包括自尊、自爱、自信、自强和自立等精神。自尊是自主精神最基本的品格,自尊需要既是人类共有的基本需要,也是人的深层动力之所在,自尊是健康人格的支柱。

③强烈的道德感

以理智和社会道德规范为依据而表现自己的行为。

④注意培养和延伸各种能力

积极接受新的有益的经验、思想观念和行为方式,在新工作领域培养自己的多种能力。

⑤建立协调的人际关系

相信人与人能够互相了解、相互尊重、坦诚相见,与他人开展平等、互惠、亲密和宽容的交往,关心他人,助人为乐。

⑥积极乐观的人生态度

有效感知现实,对现实没有歪曲,永远保持与现实的和谐关系和对现实的新鲜感,不断从生活中寻找乐趣,能根据事物的具体情况决定自己对事物的态度,反对凭主观愿望盲目行事。

⑦正视曲折和艰难

经得住挫折,经常保持稳定良好的情绪,能应付人格中的危险因素,有目的、自觉地塑造各类有朝气的新角色。

⑧有自知之明

清楚自己的特长和弱点,注意展示自己的特长,克服弱点,使自我向较高层次跃进,努力塑造新形象。

(二)运动员健全人格及特征

1. 运动员健全人格的概念

运动员健全人格是指运动员具有乐观向上的生活态度、良好的情绪控制能力、顽强拼搏的意志品质、良好的社会适应能力、和谐的人际关系以及良好的竞技体育创新能力。运动员的健全人格是通过素质教育的有效途径培养出来的。[1]

---

[1] 彭亦兵. 优秀运动员素质教育导论[M]. 哈尔滨:哈尔滨工程大学出版社,2008.

2. 运动员健全人格的特征

(1)客观认知自我

运动员具有良好的自我认知能力,全面了解自己,乐于接纳现在的自己。

(2)体育知识丰富

运动员的体育知识丰富、文化知识水平高是其拥有健全人格的基本条件。随着竞技体育的不断发展,对运动员的知识和智力提出了越来越高的要求,运动员努力学习知识,充实自我,有助于提高运动表现水平。

(3)建立良好协作关系

运动员的人格是否健康、健全,从其人际关系中就能体现出来。人格健全的运动员喜欢和别人交流、沟通,宽容待人,有集体意识,有集体主义情感和荣誉观,希望自己和集体共同进步与成长。

(4)有进取心和创新精神

有健全人格的运动员执着追求自己的运动事业,有成为世界优秀运动员的美好理想,有良好的创新思维,喜欢独立思考问题,能够独立解决问题,对他人没有太多的依赖。思考问题时头脑灵活,思维活跃,能够从训练和比赛实际出发而对训练和备赛方案进行调整,在训练和比赛后善于总结经验教训。

(5)积极乐观的人生态度

社会个体在复杂的社会环境中能否获得提高生活质量的本质力量,主要看其人生态度是否积极乐观。生活积极向上、乐观豁达的运动员喜欢自己的运动事业,参加训练和比赛的兴趣及积极性很高,对待队友总是很友好,乐观看待自己身边的人和事,对未来满怀信心,有美好的憧憬。这种人生态度对运动员的各个方面都有积极影响,能够使运动员发现生活的乐趣和意义。可以说在运动员健康人格模式的各种品质中,最重要的就是积极乐观的人生态度,这个品质能够使运动员不断完善,不断取得更高的成就。

(6)良好的心理素质

运动员人格健全,适应能力强,意志力顽强,对运动训练和比赛中的是是非非能够做出准确的判断,对生活中的美与丑、善与恶也能明确分

第四章　运动员训练过程中心理特征的科学培养

辨,不管是生活中的心理素质还是运动中的心理素质都非常好,对待训练和比赛总是积极乐观,愉快地参加训练和比赛,直面运动生涯中的挫折,积极应对困难,灵活化解生活和运动中的难题,懂得采取适宜的方式释放压力,从容面对比赛中的竞争。

相关研究表明,竞技能力越强的运动员,心理特征越相似,有比较接近的人格特质,而初级运动员之间在心理特征方面有很大的差异,如图4-4所示。有些人格特征对运动员的发展有促进作用,而有些人格特征对运动员迈向高水平发展目标有阻碍作用,这是自然选择的过程。总的规律就是,运动水平越高,人格特征越接近,其中大部分是对运动员进一步发展有积极作用的人格特征,而运动水平越低,人格特征差异越大,其中不乏一些阻碍运动员发展的人格因素。

```
          尖子选手
        奥林匹克选手
        国家代表队选手
        大学代表队选手
         奖学金运动员
        初次参加运动者
```

图4-4　不同水平运动员人格特征的差距[①]

运动员在日常生活、运动训练以及体育比赛中的行为表现都带有自己的人格特征,运动员自身的人格对其行为表现有很大的影响,而且这种影响与其所处的生活、训练或比赛情境有直接的关系。例如,在篮球比赛实战情境中,当比赛时间距离结束就剩几秒钟时,如果双方分数相同,这时的罚球就显得很关键,罚球的运动员心里十分紧张,

---

[①] 张力为,毛志雄. 运动心理学[M]. 上海:华东师范大学出版社,2003.

不管平时是不是容易焦虑和紧张的人,这时都会异常紧张,因为这关系到团队甚至是国家的荣誉。运动员人格特征与其所处的运动情境的交互作用决定了其人格对运动表现的影响程度。图4-5直观说明了这种交互作用的关系。

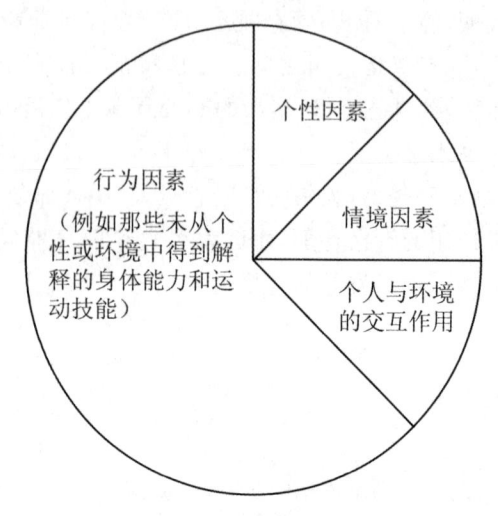

图 4-5 运动员人格和运动情境对运动员运动表现的影响[①]

高水平运动员的人格特征很接近,他们的共性是偏于外向,表现出很高的活力,不易疲劳,焦虑、紧张、神经质、气愤等负面心理少,他们的这些人格特点说明了高水平运动员的人格健全度高,心理健康水平也高。运动员的人格特征、心理素质对其运动成绩有很大的影响,而成功运动员和不成功运动员的人格特征存在一定的差距。从图4-6来看,世界高水平运动员经常在比赛中获得成功,他们的心理图像就像一座山,而普通运动员很少取得成功,他们的心理图像看起来平缓得多。

---

① 张力为,毛志雄.运动心理学[M].上海:华东师范大学出版社,2003.

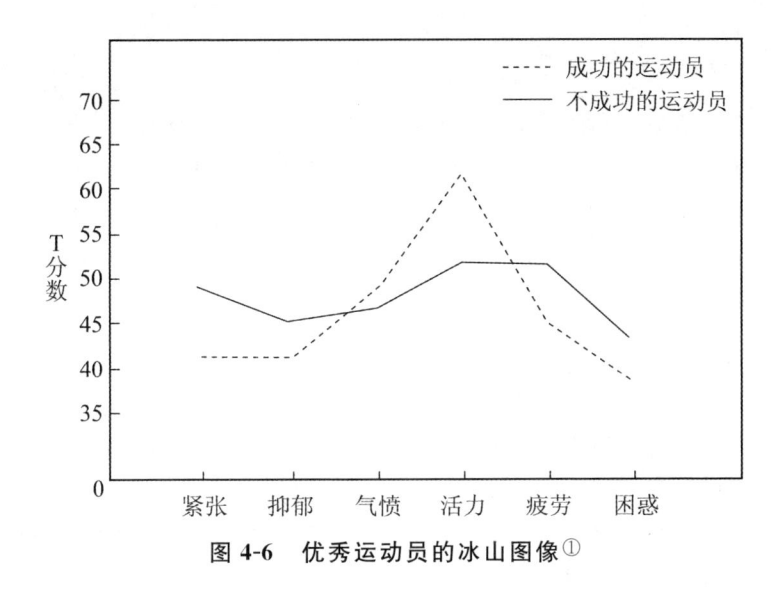

图 4-6　优秀运动员的冰山图像①

二、运动员人格缺失的表现

(一)体育理想模糊

人格缺失的运动员没有伟大的理想,奋斗目标不明确,缺乏为国家荣誉而甘愿自我奉献的精神,缺乏强烈的上进心,心里不充实,不刻苦训练,不认真学习,体育精神素养较低。

(二)价值取向扭曲

运动员价值取向发生扭曲,其中拜金人格就是很明显的一个体现。有的运动员在混杂的环境中形成了金钱人格,唯利是图,贪图功利、享乐,将金钱作为自己的人生目标,将功名利禄作为自己的参赛动机,而且日常消费也有了超前意识,不加节制地浪费。

---

① 张力为,毛志雄.运动心理学[M].上海:华东师范大学出版社,2003.

(三)缺乏诚实品格

运动员诚实品质的缺乏从其在比赛中虚荣、嫉妒等不良心理和弄虚作假等不良表现中能够体现出来,有的运动员为了提高运动成绩,采取不正当竞争手段,滥用兴奋剂,违背体育精神和体育制度。有些运动员为了金钱而踢假球,有的运动员以自我为中心,缺乏良好的道德品质,自私自利,毫不关心集体荣誉。

(四)缺乏协作精神

体育比赛是许多人共同参与的,因此就存在个人与集体、个性与共性之间的关系问题。培养运动员与队友、教练之间的良好协作关系是提高比赛成绩的关键。一些运动员缺乏体育协作精神,存在严重的个人英雄主义,从而影响了集体的表现与发展。

(五)心理素质较差

有些优秀运动员从家庭到体校再到优秀运动队一直都很顺利,没有遇到过挫折,加上平时不注重心理素质训练,导致他们缺乏良好的抗压能力和心理素质,所以容易在比赛中发挥失常,而且不能正确对待成败。[①]

三、运动员人格的培养与健全方法

(一)加强人文素质教育

培养运动员的健康人格,首先要加强人文素质教育,对运动员的价值、尊严多给予关注,以人为本,注重人文关怀,重视教育和感化,提高运动员的自我人格意识。培养人文精神是运动员自我发展的需要,人文精神是运动员追求奥林匹克目标和期望成为世界顶尖运动员所需要的重要品质。培养优秀的运动员,要从文化教育、体育教育、体育训练等各个

---

① 张力为,毛志雄. 运动心理学[M]. 上海:华东师范大学出版社,2003.

第四章 运动员训练过程中心理特征的科学培养

方面把好关,要将人文素质教育融入文化教育、体育教育和运动训练中,将人文素质教育作为文化教育的重要内容,陶冶与培养运动员的人文精神,使运动员主动追求健康、文明和充满活力的生活方式和运动方式。在人文素质教育中,要引导运动员坚持自己的体育理想,保持基本的职业操守,对其健康的运动人格进行塑造。

除了要对运动员进行专门的人文素质教育外,还要注重人文教育与运动训练的相互渗透,打破传统运动训练的局限,注重渗透式教育,从而有效提升运动员的人格素养,促进运动员人格与运动能力的共同发展。

(二)在竞技运动中培养良好的人格

1. 培养竞争意识和能力

竞技体育充满竞争,包括技战术的竞争、智力与体能的竞争、心理素质的竞争。人格健康的运动员积极进取、勇于创新,具备竞争意识和能力,在竞争中能够坦然面对压力和挑战,因此,要积极培养运动员的竞争意识与能力。

2. 培养体育协作精神

集体运动项目要求团队中每个队员各尽其职,相互之间要协调配合、统一行动,这就必须以积极的、健康的道德为基础,有共同的责任感、荣誉感,而如果忽视集体力量,重视表现自己,容易给集体带来损失。运动员个人行为的成败直接影响集体荣誉,所以,应特别重视培养队员的集体主义意识和体育协作精神。

3. 培养思维能力和创造力

教练员要树立创新教育观念,注重培养高素质的创新运动人才。在运动训练过程中改革传统训练方法,倡导启发式、研讨式训练,创建"创新体验式"训练,让运动员成为训练的主体,挖掘其创新潜能,培养其创新能力。

(三)为人格缺陷者提供专业心理辅导

教练员要对人格有缺陷的运动员给予更多的关注和关心,要请专业人员为其提供心理辅导,从专业角度开导运动员。通过提供心理辅导,要达到下面两个目的:

第一,使运动员对自己的不健康人格有清楚的认识,了解人格缺陷对生活、训练及比赛造成的不良影响,从而使其自觉进行自我心理疏导,摆脱不健康心理因素的影响。

第二,通过心理辅导和有目的性的专业运动心理训练,促进运动员心理素质的改善和健康水平的提升,使其人格品质力度得到提升,自觉用积极健康的人格因素来抵消不良人格因素,逐渐消除人格缺陷,达到人格健全和全面健康的目的。

第五章 运动员训练过程中心理认知的科学研究

运动员的运动训练不仅涉及体能素质、技战术等方面的训练,心理训练也是其中非常重要的一部分。运动员要将心理训练作为日常训练的重要内容,对于研究人员来说,要加强运动员的心理训练,加强运动员训练中心理认知的研究,这样才能为运动员的科学训练提供重要的理论依据。

第一节 运动员训练中的感知过程

一、运动员运动训练中的感知系统

运动员在参加运动训练的过程中,需要依赖感知系统做出知觉判断,由此可见感知系统的重要性。人的感知系统主要由视觉、听觉、触觉和动觉等几个部分构成。

(一)视觉

大量的研究与实践表明,视觉对运动员训练和比赛具有非常重要的意义。在实际的训练和比赛中,运动员与同伴之间要相互配合,不停地运动,在运动的过程中,运动员不能将注意力集中在自己身上,还要时刻观察队友之间的方位和距离,这样才有可能建立正确的行动定向,尤其是在集体项目中,运动员的这一能力至关重要。

相关研究与实验发现,很多优秀的篮球运动员的闪光临界融合频率值高于一般运动员和普通人。这一值的高低就将视觉对光刺激在时间变化上的分辨能力充分反映了出来,该值越高,表明时间的视觉敏度越高。除此之外,还有研究指出,优秀足球运动员的深度视觉判断能力要远高于一般水平的运动员,这也是优秀运动员竞技水平高超的重要因素。以足球为例,一名队员要想发动长传快攻,将球传给三十米开外的同伴,首先他就要准确地判断同伴与对方后卫之间的位置关系如何,要将球传到同伴易于接球的最佳位置,运动员做出这一决策的重要依据之一就是深度知觉。[①] 由此可见深度知觉的重要性。运动员在平时的运动训练中,一定要非常注意这一方面的能力的培养和提高。

作为一名优秀的运动员,还必须要拥有广阔的视野,这对于运动员准确把握场上形势,采取有针对性的战术行为具有重要的帮助。广阔的视野,主要是指运动员在头部保持不动的情况下,眼睛注视前方所能看到的范围,这一能力对于足球运动员而言十分重要。

综上所述,视觉是运动员感知系统的重要内容,拥有良好的视觉能力对于运动员准确地判断与"阅读"比赛具有重要的意义。

(二)听觉

听觉也是运动员感知系统的重要内容,在平时的运动训练中,加强运动员的听觉训练也是非常重要的。听觉是指通过耳朵、听传入神经和听觉中枢对频率约为 20~20000Hz 的声音刺激产生的感觉。运动员在一定的听觉刺激下,中枢神经系统的兴奋会得到一定的扩散,在这一效应之下,运动员的动觉中枢就会显得异常兴奋,这就是我们常说的听觉和动觉的联合。在任何运动项目中,听觉都占据着一定的地位,需要运动员努力提高自身这方面的能力。

(三)触觉

触觉也是运动员感知系统的重要组成部分,绝大部分的运动项目对于运动员的触觉要求都非常高,如足球、篮球等球类项目都要求运动员具备良好的"球感",只有具备了良好的"球感",才能在比赛场上运用自

---

① 马启伟,张力为. 体育运动心理学[M]. 杭州:浙江教育出版社,2002.

如,很好地发挥自身的技战术水平。篮球运动中运动员的触觉主要体现在手掌和手指皮肤上,足球运动中运动员的触觉则主要体现在脚背和脚内侧上。为提高这一方面的能力,运动员需要坚持长期不懈的专门训练,如此才有可能建立和形成良好的触觉。

需要注意的是,触觉是可以测量的,我们可以采用两点阈的方法来测试运动员的触觉。主要是排除被试者的视觉参与,同时对某一区域的皮肤进行两点刺激,如果这两点有一定的距离,被试者就会对这两点产生知觉,如果缩短距离,甚至互相接近到某一程度,被试者就分辨不出是两个点,而产生一点的感觉。这一临界值(两点的距离)就被称为两点阈(或两点阈限)。相关研究表明,运动员全身各部位的两点阈之间存在着明显差异,不同个体之间也是如此。触觉是运动员感知系统中重要部分,加强这一方面的训练至关重要。

(四)动觉

动觉也是运动员感知系统的重要组成部分。动觉的主要功能在于将运动员身体运动的信息传入大脑,使个体对身体各部位的位置和运动有所知觉。一般来说,动觉主要由肌觉、腱觉、关节觉和平衡觉四个方面构成。当身体参与活动时,肌肉与肌腱的扩张与收缩,以及关节之间的压迫,产生刺激并引起神经冲动,传入中枢神经系统而引起动觉。在人体的感知系统中,动觉可以说是发展高水平运动技能的关键因素。运动员要想促进自身竞技水平的进一步提升,就必须要努力地发展自己的动觉,培养良好的动觉习惯和能力。

在运动员的动觉系统中,以上所讲到的四个方面都非常重要,不要忽略了任何一方面的发展。受篇幅所限,下面重点阐述运动员的平衡觉。当运动员处于清醒状态时,头部是与地面保持垂直的,即使偏离,其幅度也相对较小。但是在一些难度大的动作中,如跳水、体操、花样滑冰等项目,参加者经常要完成一些倒立、旋转和空翻动作,这些动作的完成需要一定的平衡能力,平衡觉在其中扮演着至关重要的角色。运动员要想维持身体的平衡,就必须要精确感知自我身体位置变化情况。这些项目的运动员在平时的训练中一定不要忽略了平衡觉的培养和训练,这是非常重要的。

二、运动员运动训练中的知觉系统

(一)知觉的概念与特征

1. 知觉的概念

知觉是指用人脑对直接作用于感觉器官的客观事物的整体反映。知觉对于人们的日常生活、学习和工作都具有非常重要的作用和影响。知觉是在感觉的基础上形成的,但它并不是感觉信息的简单组合,与一般的感知系统要素相比,知觉系统较为复杂,它要利用已有的经验,对所获得的感觉信息进行合理的组织,同时解释这些信息,使之成为有意义的整体。例如,当人们认识一件衣服或认识一种水果时,他们会对这些事物进行一定的感知,如观察衣服的颜色、款式,品尝水果的口感和味道等,在此基础之上形成一个基本认识,这个信息整合与加工的过程就是知觉。知觉可以说是人们认识与体验事物的重要基础和必经之路。

学者曹日昌在《普通心理学》一书中把知觉定义为:"事物直接作用于人的感觉器官,人脑中就产生了对这些事物各个部分和整体的反映,这种反映叫作知觉。"[1]

2. 知觉的

(1)选择性

知觉具有一定的选择性特征,这一特征是指个体对于施加给自己的信息,只注意其中的一小部分,对于其他部分则选择性地忽略。之所以如此,主要是因为人的大脑处理信息的能力是有限的,人们不可能关注到周围事物的每一条信息,在具体的情境中,只能选择少数刺激作为知觉的对象,这就是知觉的选择性特征的表现。

知觉的这一特征对于人们认识与把握事物具有重要的作用,它能够让人把注意力集中到少数重要的外界刺激上,排除其他次要因素的干

---

[1] 曹日昌. 普通心理学[M]. 北京:人民出版社,1987.

第五章 运动员训练过程中心理认知的科学研究

扰,从而更加有效地认识外界环境,促进自身与外部环境的融合与发展。但需要注意的是,在知觉过程中,对象和背景或事物之间的关系不是固定不变的,而是可以相互转换的。如在一堂训练课上,当教练员运用语言法指导某一运动员训练时,运动员回应教练员的话语就成为教练员的知觉对象,周围其他的运动员的讨论就成为一种背景,而当教练员听到周围运动员谈论自己感兴趣的话题时,就会将注意力转移到周围运动员身上,周围的运动员就变成了教练员的知觉对象,原先的那一名运动员就成为背景。这就是知觉的选择性特征。

(2)理解性

所谓的理解性是指个体能利用已有的知识经验去解释知觉的对象。理解性也是知觉的一个重要特征。在平时的生活、学习和工作中,人们不是孤立地对待一个刺激,而是倾向于从刺激与其他时间、感觉或形象的关系中对待它。运动知觉系统中的知觉原理都详细描述了刺激是如何被察觉并被组织的。作为一名专业的运动员,一定要把握知觉的这一特征,这对于运动员提高自己的技战术水平具有重要的指导意义。

相关研究表明,知觉主体并不是直接清晰地反映刺激物的全部细节,而是以过去的经验为依据,对知觉对象作出一定意义的解释。因此,不同的人在知觉的理解性上也存在着很大的差异。知觉的理解性同言语指导有密切的关系,它能使知觉过程更迅速,映像更为完整。比如教练员在指导运动员进行某一动作的训练时,运动员会在头脑中预先进行一定的感知,然后在具体的训练中,运动员在教练员的示范指导下去理解与掌握这一动作。

(3)恒常性

恒常性也是知觉的一个重要特征。知觉的恒常性主要是指当知觉的条件发生一定变化时,知觉的映像仍然保持不变。比如知觉对象在视网膜上的成像会随着距离的缩短而增大,随着距离的延长而缩小,但是对于我们熟悉的人,无论他离我们是近是远,我们对他个子高矮的知觉总是一样的,这就是大小恒常性。

关于人体知觉的研究很早之前就有了一些研究的成果,其中,知觉恒常性的影响因素的研究是一个非常重要的方面,通过多年来的研究,人们认为知觉的影响因素主要有经验与理解作用两个方面。当知觉对象超出了个体通常经验的范围后,知觉的恒常性就会被破坏。因此,个体的经验越丰富,越有助于保持其感知对象的恒常性,就越可能快速地适应周围的环境。对于专业运动员而言,其运动经验越丰富就越可能在面临突发的比赛状况时做出合理的选择。

(二)影响知觉的因素

总体来看,影响人们知觉的因素主要有知觉主体、知觉对象和知觉情境三个方面,下面做出细致的研究与分析。

1:知觉主体

当个体看到一个目标物并试图对他所看到的东西进行解释时,这种解释受到了知觉者个人特点的明显影响。当你新买了一件衣服后,忽然注意到大街上很多人都与你的衣服形式相同,显然不可能是这种衣服的数目瞬间增加了,而是你的购买行为影响了你的知觉,更加注意它罢了。这就说明了与知觉者有关的因素是怎样影响到知觉的。与人的知觉密切相关的因素主要有态度、动机、兴趣等。

知觉主体的个人因素同时也影响着个体在组织中的知觉。在一个企业中,一个希望升职的人和安于现状的人对待上司的批评的知觉是不同的,这在很大程度上取决于知觉主体的心理状态。一般情况下,希望升职的人往往会更加重视上司的批评,在后续的工作中会更加努力,避免出错,进一步提高自己。而安于现状的人则没有这种知觉。

一般来说,知觉主体的心理因素主要包括以下五个方面的要素:

(1)个性特征。在众多的知觉因素中,个性特征是极为重要的一方面,不同的个性会在很大程度上影响知觉主体的知觉系统。

(2)需求与动机。在平时的生活中,凡是能够满足人们需要、符合人们动机的事物,往往会成为知觉的对象。反之则不然。

(3)兴趣与爱好。兴趣与爱好能够强化或者弱化人们对于某一事物的知觉。

(4)知识背景。知识在解释知觉的过程中具有重要的意义,知识背景不同,对于同一事物的解释不同,因而会影响到人对事物的知觉。

(5)经验与学习。简单的知觉主要来自遗传,但是复杂的知觉依靠后天学习,有些形成刺激的外部刺激物是符号性的存在,需要经验才能解释符号的意义。

第五章 运动员训练过程中心理认知的科学研究

2. 知觉对象

知觉对象的特点也会影响知觉的过程和结果。可以说,客观世界的一切能被人感知到的刺激都是知觉的对象。但是在一个群体中,声音洪亮的人或者个子特别高、个子特别矮的人等会更加容易被发现;在公共场合穿着奇异的人会比普通着装的人更显眼;外界的一声巨响能引起办公室里所有人的关注。总之,在很多场合,人们总是选择那些具有明显突出特征的事物作为知觉对象,而忽略了其他对象,这是因为在知觉活动中,某些客观事物易于在大脑相应的感觉中枢引起较强的兴奋过程。知觉对象的新奇、运动、声音、大小、背景、临近以及知觉对象的其他因素都能影响到我们的知觉。

3. 知觉情境

人的知觉总离不开一定的情境,也离不开对当时情境的分析,同一个刺激在不同情境下往往会产生完全不同的效果。例如,一个身穿游泳衣的人在海滨打水仗或游泳,不会有人注意,但如果他以这身打扮去商场购物就会被认为不成体统甚至被拒绝进入。同样,人们参加婚礼时要面带笑容,参加葬礼时则要愁容满面,倘若没有作出与特定情境相符的行为则会被知觉为不合时宜。影响知觉的情境因素包括时间、工作环境和社会环境。

(三)运动员知觉系统的构成

任何事物都具有空间、时间和运动这三种形式,这三种形式可以说是固有的,缺少了任何一方面,事物就无法存在。需要注意的是,这三个方面的变化非常迅速,在体育运动训练中,要求运动员必须准确地判断这些没有固定模式的变化,然后采取有针对性的措施和手段加以应对。

一般情况下,运动员在运动训练中的知觉系统主要由以下几个方面构成:

1. 空间知觉

空间知觉主要反映的是物体空间特性的知觉,如形状知觉、大小知觉、距离知觉等都是其中重要的内容。下面以球类运动项目为例来分析。

在运动场上运动员参加训练和比赛都需要空间知觉的参与,如足球比赛中的射门、篮球比赛中的投篮、排球比赛中的扣球等都需要运动员具备良好的空间知觉,否则就容易出现各种失误。运动员在做出这些动作前,首先要对出球、对方队员、同伴队员和自己的空间特征情况做出合理的判断,然后采取恰当的技术完成动作。

2. 时间知觉

时间知觉可以说是一种非常复杂的知觉,这一知觉能够对时间长短、快慢、节奏和先后次序关系进行深刻的感知。人们产生的时间知觉,是以人体内部的生理变化和自然界的周期性变化为主要依据。

一般来说,时间知觉的意义主要体现在以下几个方面:

(1)时间知觉与情绪

人们主体的情绪和态度往往会在人对时间的估计和判断上产生重要的影响。在一些以时间判定胜负的项目中,如足球、篮球、排球等,其比分不同,双方对于时间的知觉也是有所差别的。一般来说,比分领先的一方更倾向于时间过得慢,而落后方则感到时间过得快。在篮球等项目中,裁判负责掌握时间,参加者有时会因时间问题与裁判员发生一定的争执,领先方希望尽快结束,落后方希望继续比赛。这就是时间知觉与运动员情绪的关系,不同的比赛形势会给运动员带来不同的感受。

(2)时间知觉与时机掌握

时间知觉的意义还体现在运动员比赛中各种时机的把握上。如足球比赛中的直塞球、射门等;篮球比赛中的盖帽和抢篮板球等,都需要运动员合理地把握时机,要在准确的时间做出合理的选择,否则就难以实现预期的目的。

(3)时间知觉与节奏知觉

节奏知觉也是一种重要的时间知觉形式。如赛跑、游泳等这些以周期性运动为主的项目都要求运动员必须具备良好的节奏,通过身体的节拍性运动和计数活动的利用,来对时间的长短驾驭预估。人们对于伴随节拍性动作或用口头计数方法对节奏进行刺激是习以为常的,这时所产生的动觉刺激也为衡量时间提供信号,就使知觉时间的能力得到有效补

第五章 运动员训练过程中心理认知的科学研究

充和提高。

大量的研究与事实表明,当运动分析器出现一定的障碍时,动觉刺激就会显得比较欠缺,会导致节奏控制困难,对知觉时间延续性的准确性产生影响。对某些要求精确知觉时间的活动,人们往往借助口头节奏提高估计时间的准确性。

3. 运动知觉

运动知觉主要指的是对外界物体运动和机体自身运动的反映,通过视觉、动觉、平衡觉等多种感觉协同活动来实现。一般情况下,运动知觉主要包括以下内容:

(1)对自身运动的知觉

对自身运动的知觉主要是通过运动分析器获得的,运动分析器的感受器主要分布在肌腱和韧带中的感觉神经末梢。当机体活动时,这些感受器就收到某种程度的牵拉,产生神经冲动,从而对自身机体活动有所知觉。

(2)对外界物体运动的知觉

对外界物体运动的知觉是指完成知觉外界物体的运动是依靠视觉为主的一些外部感受器来进行的,其制约因素主要有以下几个方面:

①运动物体的形状大小与速度知觉成反比。
②运动物体的形状大小与运动速度知觉的下阈限及上阈限成正比。
③运动场地的变化会影响速度知觉的发挥。
④在一定范围内,光线亮度与速度知觉成正比。

4. 专门化知觉

在长期的运动训练中,运动员逐渐形成了一种综合性知觉,就是所谓的专门化知觉,其能对运动员自身运动和环境因素做出精确的分析和判断,是对运动员心理要求的一个重要方面。

运动员的专门化知觉具有以下几个方面的特点:

(1)依赖多种分析器的同时活动,具有综合性的特点。
(2)具有专项性不同的分析器依据不同特点在不同的专门化知觉中起不同的作用。
(3)动觉是最为主要的因素。如球类项目的球感就以高度发展的动觉为基础。

受不同项目的影响,在测量专门化知觉时,往往采取多种方法进行测量,这比单一的测量方法更加全面和有效,另外,还要注意运动员的个人差异。

三、感知规律对运动感知过程的影响

运动感知过程会在一定程度上受到感知规律的影响,具体来说,主要表现在以下两个方面:

(一)知觉的选择性作用

知觉对人们的日常生活、学习和工作都会产生非常重大的影响。一般情况下,对象与背景的差别越大,人体知觉的产生就会越清晰。比如,绿色的草坪,如果使用白色的足球,其知觉就会很明显。因此,不同的运动项目对器材的规定都要遵循这一特点,这非常有利于吸引更多的观众前来参与,从而促进运动项目的发展。

刺激物在空间距离上接近或形状相似时,容易被选择为知觉的对象。比如,十二根直线由于在空间上接近和离开,就会被知觉为四组。相似的刺激部分容易组成知觉的对象中的图形会使人们自然知觉为四个纵行,而不是四个横行。在一些体育项目中对这一规律加以考虑,比如,在团体操表演、集体跳伞和花样游泳的动作编排等运动中。

一般情况下,人的主观状态也会在一定程度上影响到人体知觉的选择,这种影响需要兴趣、经验和当前心理状态等因素。不同的主体是影响从背景中分离出知觉对象的重要条件。如果人体暂时不需要某事物,或对其没有任何兴趣,那么,这一事物就不会明显地被区分,就不会产生知觉。例如,在一场比赛中,一些难度较大或精彩的动作会引起观看者的知觉;这个队的阵容安排和战术策略则会引起某个队的教练员的知觉;队员更关心自身的技术动作或对手的情况等。

(二)知觉的理解性作用

人们在知觉当前事物时,总是利用以前的经验去概括和理解,在这样的情况下,运动员储存的知识和经验越丰富,知觉当前事物的准

第五章 运动员训练过程中心理认知的科学研究

确性就越高。在对抗性运动项目中,对手的战术意图和各种假动作,就容易被经验丰富的运动员和教练员识别出来。从相关的研究中发现,在评判平衡木比赛动作时,优秀裁判员和裁判新手的注视情况是有所差别的。优秀裁判员注视点的固定次数更少,主要集中在注视体操运动员的上半身,而裁判新手则集中注视腿部。由此可以看出,对裁判规则、裁判任务的理解水平不同,裁判员的经验程度不同,知觉的方向也不同。[①]

美国心理学家波尔顿提出了知觉预测的观点,他认为,在某些情况下,不完整信息或先行信息的加工过程会较大程度地影响运动成绩,这也是通过想象在知觉理解的基础上,来完成这一过程。参加者在运动项目过程中,往往会在信息不完整的情况下做出估计和判断,甚至有时会先于事物出现之前,以某些先行信息为依据作出判断。如在篮球、足球以及排球比赛中,接球队员就要依靠应有的专项知识和经验对来球落点做出准确的判断,并做好预判,同时还包括对球的力量和旋转方向及程度的估计。从具体的实践中可以发现,优秀运动员和一般运动员之间的知觉理解水平存在着较大的差异,这也是导致其运动水平高低的重要原因所在。

四、专门化知觉在运动训练中的作用

在运动训练中,运动员各种技术动作的学习与掌握,首先就是由感知开始的,任何专项运动技能都有自身的规律,都对运动员的运动水平有着一定的要求。在运动员的知觉系统中,专门化知觉就是其中非常重要的一种。从某种程度上来说,专门化知觉就是专项运动对运动员心理要求的一个重要方面,它是运动员在运动实践中经长期专项训练所形成的一种精细的主体运动知觉,它能对器械、场地、运动媒介物质(水、空气等)以及专项运动中的时间、空间特性等做出高度敏锐和精确分化的识别和感知。[②]

对于不同运动项目的运动员而言,其专门化知觉存在着一定的差异性,比如,游泳项目的"水感",球类项目的"球感",使用器械的运动项目

[①] 胡桂英. 运动心理学[M]. 杭州:浙江大学出版社,2011.
[②] 马启伟,张力为. 体育运动心理学[M]. 杭州:浙江教育出版社,2002.

的"器械感"、射击、技巧、跳水等项目参加者的"动作感"等。这里要特别强调的是,专门化知觉并不仅是一些感觉综合和高度发展的产物,而且是与参加者的表象、运动经验、思维和想象相联系的。

第二节 运动员训练中的记忆过程

一、短时运动记忆

运动员在参加运动训练的过程中,其学习和训练的过程实质上也是一个记忆的过程。运动员在学习技术动作的过程中,其动作的短时记忆是技术动作形成的重要心理因素之一。一般情况下,动作的短时运动记忆主要有动觉、听觉和视觉三种线索。运动技术实践课的实质是学生通过听、看、动的知觉线索去学习、掌握和提高技术动作,实现技术动作的目标。运动员在学习技术动作或改进技术动作时,也更多的是依赖听觉、视觉将教练员的讲解、示范和其他运动员的动作和电影、电视的画面加工成运动表象,再利用这种表象去指挥、调整、控制自己的动作。总之,运动员的短时运动记忆是其顺利完成技术动作的重要保证,这一能力对于运动员学习与改进运动技术具有非常重要的作用。

二、长时运动记忆

运动员的长时运动记忆对于其学习与掌握技战术也具有非常重要的意义,与短时运动记忆相比,长时运动记忆对于运动员技战术水平的巩固与提高具有更为重要的作用。

(一)连续技能的长时记忆

在运动训练中,连续技能是指组织方式上没有明确的开始和结束的动作技能,通常指那些具有重复或韵律性质,持续若干分钟以上的动作技能,如游泳、长跑、骑自行车等都是这样的运动项目。这些运动

第五章　运动员训练过程中心理认知的科学研究

项目中的很多技能,运动员一旦掌握后,经过一段时间的巩固与训练后,通常会在记忆中保持相当长的时间,这就是连续技能的长时记忆。这一能力对于运动员取得理想的运动成绩,提高竞技水平都具有非常重要的作用。

(二)分立技能的长时记忆

分立技能是指组织方式上具有明确的开始和结束的动作技能,通常持续时间非常短暂,如足球运动中是射门、排球比赛中的扣球等都属于这一方面的技能。分立技能的长时记忆也需要运动员长期不断地坚持训练才能习得,这一记忆能力对于运动员参加运动训练,提高训练和比赛水平均具有非常重要的意义。

(三)运动记忆的遗忘

要想成为一名出色的运动员,具备良好的运动记忆能力是尤为重要的。在运动员日常运动训练中,记忆与遗忘是一个事物的两个不同方面。我们要一分为二地看待遗忘的作用,遗忘同时具有消极作用和积极作用,这两个方面在某些时候是可以相互转化的。人所面临的信息量如此之大,远远超过人的处理和记忆能力。选择最重要的事件加以记忆,是一个人智力发展的表现。人要筛选信息,有意识或无意识地遗忘不重要的信息。实际上,记忆是一种积极、主动的过程,其作用主要体现在以下几个方面:

第一,通过改造现有的信息,使其朝着合理化的方向发展。

第二,通过简缩现有的信息,使其变得更加精练化,有利于运动员掌握。

第三,遗忘信息,主要指的是积极的遗忘,比如遗忘错误动作、减少消极情感等。

第四,通过信息的保存,运动员积累经验,在今后的训练中应用自如。

运动员在学习与提高运动技能的过程中,遗忘信息是十分重要的。在任何项目的训练中,都有一个纠正错误动作的问题。运动员的某些错误动作常常非常顽固,难以克服,如何抑制或遗忘这些错误动作是教练员、运动员的日常课题。有时,记忆是不以人的意志为转移的,想忘也忘不掉,想让错误不表现出来也不可能。一个错误的动力定型,可能伴随运动员的整个运动生涯。运动技能提高的过程,也就是一个记忆积极因素和遗忘消极因素的过程。

总的来说,动觉记忆的特征是形成难、遗忘慢。这两个特征决定了在青少年业余训练和专业队的初期训练中,要特别注意建立正确的、稳固的动觉表象。这个建立过程是先慢后快,先难后易的。教练员都十分重视从小要打好基本功,加强基础训练。

第三节 运动员训练中的思维过程

在运动员的心理认知中,其思维能力的学习与运用非常重要,运动员无论是在训练还是比赛中都需要充分运用自己的思维去做出判断,保证比赛形势向着有利的方向发展。

一、思维的构成

(一)简单思维

在运动训练中,运动员的思维非常重要,思维主要指的是人的世界观在头脑中的内化。恩格斯强调"……我们时代的理论思维都是一种历史的产物,它在不同的时代具有非常不同的形式,并同时具有非常不同的内容"。[1] 在近代哲学研究中,关于思维的研究发展到了一定的程度,取得了一些成果。其中,简单思维的观念与理论就在当时产生了很大的反响。简单性思维主要源于简单性原则,人们认识世界万物,都将这一原则作为基本的准则。在这一理论与观念下,科学主义、工具理性主义等获得了进一步的发展。

需要注意的是,简单性思维并不是指简单地处理问题,而是指运用简单思维去解决问题。在这一思维方式下,一些问题通常会变得更加简

---

[1] 赵闯. 从简单到复杂:体育教学思维方式的转变[D]. 南京:南京师范大学,2007.

第五章　运动员训练过程中心理认知的科学研究

单,便于解答和处理。总之,简单性思维把系统看作是一个单一因果关系的线性相互作用系统,对总体和系统的认识还原为对组成它们的简单部分或基本单元的认识;系统处于平衡态,没有与运行环境进行物质、信息、能量等交换;系统可以说是规则的、确定的、可逆的。简单性思维主要表现为还原论和线性因果关系的观点。

简单性思维是一种非常重要的思维方式,在很长的一段时间里,这一思维方式都占据着极为重要的地位。简单性思维认为,世间万物都可以在一定程度上简化为机械,机械系统中的各个组成零件之间相互作用、相互影响、共同发展。发展至今,简单性思维已逐渐成为人们认识与探索世间万物的一个重要方式。

在简单性思维方式不断发展的背景下,学校教育教学体系也获得了不错的发展,发展至今,这一思维方式都在推动着体育教学的进一步发展。但需要注意的是,在社会日益进步的背景下,简单思维方式与当代科技与社会迅猛发展的客观要求不符,开始对人类思维的发展造成一定的制约,产生了不良的影响,因此,简单性思维方式亟须进行一定的转变。但是我们也不能完全否定简单性思维,这一思维方式在历史上仍旧占据着非常重要的地位。

伴随着时代的不断发展,陷入困境的简单性思维已无法继续驱动人类认识世界,在这样的历史背景下,复杂性思维就得以诞生,并获得进一步的发展。

(二)复杂思维

与简单性思维相比,复杂性思维方式产生的背景要更为复杂,伴随着现代科学技术的发展,整个社会要求人类探索世界的思维方式要从简单性向复杂性思维转变。于是,复杂性思维就在这样的时代背景下产生了。与简单性思维相比,复杂性思维具有以下几个方面的特征:

1. 非线性

复杂性思维具有一定的非线性特征。线性与非线性最初是一对数学概念。线性指的是两个变量之间的正比例关系,在直角坐标系中呈直线。非线性指的是两个变量之间没有直线关系(正比例),即曲线性。非线性就是复杂性与简单性思维的一个重要区别。具有线性相互作用的系统和具有非线性相互作用的系统在现实世界中存在本质上的不同。线性相互作用的系统是单一、均衡的。而非线性从本质上来说是复杂的,线性的相互作用和规则简单的秩序不是定则,只是一种特例。既然从本质上讲世界是非线性的,因此,我们就需要以非线性的眼光来看待问题。

非线性系统的复杂性特征主要来源于多样性。我们在对其进行研究的过程中要从不同层次和角度进行深入的探索,而不能只是简单地进行一因一果的解释。在一个非线性复杂现实中,我们要尽可能地本着复杂性的思维和眼光看问题,这样才有可能取得理想的结果。

2. 生成性

复杂性思维还具有一定的生成性特征。这一特征主要来源于生成性观点,这一观点认为世界是始终处于发展和变化之中的,存在着很大的不确定性。法国哲学家柏格森在现代科学的思维中引入了创造性、新奇性,从而对近代机械的思维模式造成了极大的冲击。柏格森指出,自古希腊以来,西方民族思维就将连续的运动轨迹分割为一些质点,这些质点是不连续的、静止的。从这一角度出发,世界便是僵化不变的、确定的,这与现实世界是不相符的,在当时人们的认识有所局限性,没有充分认识与理解世界动态变化的这一特征与规律。

柏格森认为世界是始终处于持续不断的发展和变化之中的,在这样的前提下,世界变得不可预测,具有一定的不可重复性,伴随着时代的不断发展,社会上会出现各种不同的形式。英国数学家、逻辑学家怀特海作为系统哲学的先驱者、过程哲学的创始人,同样认为物质的构成具有一定的精神特性。因此,那种认为世界是固定不变的看法是错误的,世界上任何事物的发展都是一个动态发展的过程。这是复杂性思维方式的重要理论依据。

3. 整体性

我们在认识世界的过程中可以将其还原为一种机械运动,然后再将其分解为众多的零部件,分别研究与分析其内部结构与功能。但每一步还原本质上都是在切割整体、过程、复杂性,原有的部分关系和属性因此,而消失。因此,我们认识的世界只是"自然的碎片",与真实的世界存在着一定的差距。

第五章 运动员训练过程中心理认知的科学研究

整体性强调系统的性状不会体现在部分中,系统的整体呈现了各个组成要素本身不具备的新特征,同时,事物各要素与整体存在内在的重要联系,这与还原论是完全相反的。因此,复杂性科学也被称为"非还原论科学"。

4. 开放性

从简单思维角度来看,系统是封闭、孤立的,处于平衡态,没有与其运行环境进行任何形式的交换,因此是一片"死海"。具有开放性的复杂思维理论认为系统是开放的,远离平衡态,与其运行环境时刻进行不同形式的交换,强调系统与环境之间的密切联系,坚持个体只有在与环境、背景的相互关系中才能得以存在、定义、描述和认识。因此,复杂性方法要求我们在进行思维的过程中不要封闭概念,要突破封闭的圈圈,重新为分割的片段的东西建立联系。复杂性思维方式所得出的结论与现实世界的真实图景更接近,将促使人们的思维方式发生转变,即由简单性转变为复杂性。

在运动训练中,运动员在教练员的指导下进行训练,经常运用到的便是简单思维,长此以往,复杂性思维就受到了一定的忽视。这一种情况对于运动员的运动训练是十分不利的,需要今后及时加以更正。

二、运动员运动训练中的操作思维

(一)操作思维的概念

人们的思维主要有直观动作思维、具体形象思维和抽象逻辑思维三种,这三种思维形式对于人们的学习、生活和工作都具有非常重要的作用。在这三种思维形式中,直观动作思维是人类最初发展的思维形式。其在个体的发展主要向两个方向转化,一是它在思维中的成分逐渐减少,让位于具体形象思维;二是发展方向逐步向高水平发展。

具体形象思维和抽象逻辑思维都是操作思维的重要形式。在人类的各种思维中,操作思维可以说是伴随操作活动的一种思维,这一思维中,人的思维与操作之间是相互联系在一起的,相互促进与发展。另外,运动员的运动训练与操作思维之间也有着极为密切的联系。在人们的各种思维中,形象思维和抽象逻辑思维是操作思维的一部分内容,有过去的知识经验作为中介,有明确的自我意识的作用。运动员在参加运动训练和比赛的过程中,只有将操作思维作为重要的基础,才能更好地掌握和提高运动技能,才能充分发挥出自身的技战术水平,从而取得比赛的胜利。

(二)运动训练水平与操作思维的关系

在运动员技能掌握与提高的过程中,操作思维发挥着极为重要的作用。需要注意的是,在运动员认知特征的评定中,操作思维测验应比一般智力测验具有更好的预测效度。

相关研究表明,运动员运动操作水平会对操作思维产生一定的影响。一般来说,运动水平越高的运动员,其操作思维能力就会相对强一些,那些很少参加训练和比赛的运动员,其操作思维一般都不高。

下面主要以不同水平的乒乓球运动员为例研究其操作思维,操作思维测验的成绩从好到差的顺序依次为:优秀运动员、大学生运动员、一般运动员,见表5-1。

表 5-1　不同运动水平乒乓球运动员的操作思维成绩[①]

测验指标	优秀运动员	大学生运动员	一般运动员
步数平均数	7.93	8.88	9.25
步数标准差	0.85	0.65	0.76
时间平均数/秒	7.21	8.18	8.89
时间标准差/秒	0.61	0.58	0.78

(三)运动项目与操作思维的关系

相关研究表明,操作思维与运动项目类型之间有着极为明显的关系,从事同场对抗项目的篮球运动员的操作思维成绩最好,而从事非对抗项目的体操运动员和游泳运动员的操作思维成绩较差(表5-2)。

---

① 黄希庭,张力为,毛志雄. 运动心理学(第二版)[M]. 上海:华东师范大学出版社,2018.

表 5-2 篮球、武术、体操及游泳运动员的操作思维成绩[1]

测验指标	篮球运动员	武术运动员	体操运动员	游泳运动员
步数平均数	8.21	10.56	16.22	17.00
步数标准差	0.64	0.71	0.97	1.12
时间平均数/秒	7.52	8.00	15.40	19.10
时间标准差/秒	0.66	0.50	0.83	1.04

三、运动员运动训练中的创造思维

(一)竞技运动创造活动的领域

人类社会之所以能发展到如今这一态势,其中一个非常重要的原因就在于人们具有很强的创造性。个体或群体生生不息的转变活动,以及知、情、意三者前所未有的表现,就是所谓的创造活动;其表现结果使自己、团体或相应的创造领域进入另一更高层次的转变时代。

创造力可以说是人的智力、年龄、创造动机、创造方法和相关知识等的函数,可用下列公式表达:

创造力＝智力×年龄×创造动机×创造方法×相关知识

创造活动,是发挥创造能力,进行创造的过程。

创造思维对于人们的发展而言十分重要,对于运动员的训练和比赛来说也同样如此。创造思维就是在大量已知信息的基础上,产生不同方向和范围的、不因循守旧的、变化的、独特的新产品的思维。发散思维便是创造思维的一项重要内容。

可以说,人们的竞争行为中普遍蕴含着创造这一要素。可以说,竞争越激烈,创造就越频繁,由此可见,竞争对于创造的推动作用。所有竞争领域都是展现创造能力和创造成果的舞台,竞技体育比赛是一个很好的例子。

---

[1] 黄希庭,张力为,毛志雄. 运动心理学(第二版)[M]. 上海:华东师范大学出版社,2018.

一般情况下，竞技运动领域创造活动主要表现在技术、战术、理论、教学训练手段、器材设备、测试方法、营养药物七个方面。正是由于这些创造活动才推动着竞技体育不断向前发展。

(二)竞技运动创造活动的特点

一般来说，世界上公认的天才我们一般都认为他们具有很强的创造思维，如达·芬奇、爱迪生、爱因斯坦等，他们一般都拥有着极强的创造思维，对于社会的发展和进步做出了极大的贡献。

竞技体育领域中，也有很多运动员具有极强的天赋，拥有良好的创造思维。竞技体育比赛是优胜劣汰的、公开的、无情的较量，对教练员、运动员形成了巨大的心理压力，同时，也将他们的创造才智激发出来。面临着巨大的竞赛压力，教练员和运动员才会积极发散自身的思维，去创造训练手段与方法，努力提升竞技水平，从而推动着竞技体育运动源源不断地发展。

(三)创新思维与创新活动的关系

据相关调查研究发现，在观察力、获得情报信息与分析能力和记忆力三个方面的差异性是几乎不存在的，但是，在创新思维能力、创新设计能力和预见力三个方面却存在着较大的差异。

另外，在竞技体育运动中，在多向思维能力方面，教练员之间的差异性是相差无几的，但是在想象力、联想思维能力和灵感捕捉能力三个方面却存在着较大的差异。由此可见，以想象力、联想思维能力和灵感捕捉能力为组成成分的创新思维能力，对于竞技运动创造活动及其成果具有最为重要的意义。无论是教练员还是运动员都需要努力提升自身的创造思维能力，从而获得进一步发展。

第六章 运动员心理技能训练的科学方法

随着竞技体育的快速发展,运动员之间的竞争愈发激烈,运动员要想取得优异的成绩,实现自我突破,不仅需要过硬的实力,更需要有良好的心理素质。因此,运动员心理技能训练成为现代竞技体育中必不可少的重要环节。掌握科学的心理技能训练方法并将理论应用于实践,能够有效促进运动员形成个性心理特征,获得心理能量。本章将较为详细地介绍包括目标设置训练、放松训练、表象训练、注意训练、暗示训练、模拟训练在内的六种常见的科学训练方法,为提升运动员的心理调控能力提供科学的指导。

第一节 目标设置训练

一、目标设置训练的相关概念

(一)目标的概念

目标是有形的、具体的,涉及具体的情境、状态和已完成或待实现的具体行为。目标是目的的具体化表现,是目的这一更高层次连续体中的一点。一名运动员的运动目的是使自己的运动能力得到最大限度的发挥,对应的运动目标则是在某一时间段、某一运动项目上获得某一名次。目标具有方向性和强度性的特点,其概念已应用于运动竞技领域的各个方面。运动员只有设置清晰的训练目标、成绩目标,才能使运动训练达到理想的效果。

(二)目标设置的概念

目标设置指对具体活动将要达到的最终结果进行设计和规划。目标设置应充分考虑活动参与者的动机,遵循有效性、科学性原则。设置合理的目标能有效激发、引导活动参与者,调动活动参与者的积极性,激发其潜能。

二、目标设置训练的作用

(一)帮助运动员建立以成功为导向的信念系统

运动员只有掌握目标设置的技巧,科学合理地将各种目标有机结合,以短期目标的实现为前提构建远大的长期目标,才能使运动员具备成功的信念,有持续不断的力量克服训练和比赛中的各种困难。

(二)有助于训练团体形成优势心理氛围

为参加同一个运动项目训练的团体设置兼具现实性与挑战性的目标,有助于训练团体内部各成员之间的相互促进,形成良性互动的训练团体优势心理氛围,保证团体内部各成员的个人利益和整个团体的协同效应。

(三)有助于培养运动员的专项运动技能

运动训练是在具体目标的指引下,运动员对运动负荷的自发组织过程。运动技能的形成是在目标指引下运动员运动神经系统泛脑网络的定态形成过程。可见,运动训练和运动技能的形成都离不开具体目标的指引,目标设置训练有助于培养运动员的专项运动技能。

三、目标设置训练的基本程序

（一）提高对目标设置的认识

目标可根据不同的标准划分为不同的种类（表6-1）。

表6-1 目标的种类

划分标准	目标的具体类型
实现难易程度	挑战性目标、现实性目标
时间跨度	长期目标、中期目标、短期目标
目标的社会性	个人目标、集体目标
目标的准确性	具体目标、一般目标

目标设置是一项技巧，只有明确了目标的种类和各自的特点，认清不同目标设置的本质特征，提升对目标设置的认识，才能更好地开展目标设置训练。

(1)现实目标和不现实目标。顾名思义，现实目标指通过训练和个人努力可以达到的目标；不现实目标指脱离了现实基础，根本不可能实现的目标。设置目标时，一定要立足于现实状况，在赋予展望与挑战性的同时避免好高骛远。

(2)长期目标和短期目标。每个运动员通常都有一般性的、目的性的长期目标，如"我想要打破自由泳项目的世界纪录，成为奥运会冠军"等。但运动员需要通过训练实践和思考将长期目标逐步转化为更容易实现的中期、短期目标。如"我需要在一个月的时间内，每天坚持深蹲练习，增强腿部肌肉，将腿部力量提高15％"等。通常，长期目标较为远大，短期目标的聚焦性更强、更具体，在较短时间内更具有挑战性和可实现性。长期目标化整为零的过程是运动员设置短期目标的过程，也是运动员维持较高动机和较强自信心的关键。

(3)个人目标和集体目标。个人目标和集体目标的设置应该根据竞技运动项目的不同特点区别对待。集体目标可以由个人目标组合而成，包含集体中所有个体成员的目标,但绝不是个人目标的简单叠加。一般情况下,个人目标的设置是清楚具体、可以随时进行调控的,集体目标的设置是模糊概括、较难调控的。

(4)具体目标和一般目标。具体目标又称为精确目标,具有明确性、可量化性的特点,是激发运动员动机的有效办法。相对而言,一般目标无法进行量化,较为模糊,对运动员的动机激发作用也较少。在具体的训练任务中,应从设置合理的具体目标开始。

(二)掌握目标设置的基本步骤

1. 明确任务

教练员在设置具体目标之前,需要明确竞技任务。教练员首先应该熟知训练的基本原则、项目特征,充分考虑运动员所需要完成的竞技任务的技术要求,采取有针对性的技术训练。在集体项目中,需要以准确的方式清楚描述每一个位置所需的具体技能。教练员可以采取民主的方式,与运动员达成一致认识,使每一位运动员明确知悉自己需要完成的任务。

2. 细化指标

目标具有多个层次,是一个层次分明的有序系统。竞赛目标在一个具体的竞赛周期内,一般包括运动成绩指标、竞技能力指标、训练负荷指标。在三个细化的指标中,训练负荷指标最具现实意义,运动员要想实现运动成绩指标和竞技能力指标,训练负荷指标的实现是最基本的保证。

教练员对于参加田径、游泳等体能主导类项群的运动员和参加射击、跳水等技能表现主导类项群的运动员,可以提出定量的竞技水平指标;而对于一些技能主导类的表现性项群,则较难提出定量竞技水平指标,可以选择较为模糊的竞技水平指标。

3. 目标分级

运动员在一个比赛周期内通常需要实现多个目标。所以,教练员需

第六章 运动员心理技能训练的科学方法

要按照各级目标的重要性程度和各目标间的相互关系对多个目标进行分级排序,使目标系统中各子集目标呈现梯形排列。

4. 协调各级目标

实现集体目标需要集体内每一位运动员的努力,而每一位运动员在集体项目中的表现、体能基础不尽相同,因而需要不同的培训模式进行提升和改进。由此可见,集体目标的设置需要充分考虑集体内各成员技能完成所需的时间差以及同伴之间进行配合的时间。

第二节　放松训练

一、放松训练的概念

放松训练是一种通过提示语集中注意,进行呼吸调节、肌肉放松,从而改善神经系统状况的方法。

二、放松训练的作用

(一)缓解神经系统的紧张

在高强度的体能训练后,运动员体内产生的代谢产物不断刺激神经末梢,促使肌肉疲劳,大脑皮层处于紧张和疲劳状态。放松训练能够诱发中枢神经产生易化作用,使神经系统中局部大脑的紧张状态得到缓解。

(二)加速消除肌肉疲劳

在中枢神经系统的易化作用下,中枢下行神经冲动的释放频率降低,肌肉组织细胞内外离子间的交换速度变慢,运动后肌肉组织内的血流速度加快,处于疲劳状态的肌肉得到快速缓解。

(三)加速重建内脏系统的功能

放松训练使内脏系统功能从训练时的代偿阶段快速进入恢复阶段,对原有的系统功能进行重建,保证下一次训练的需要。

(四)为其他心理训练奠定基础

在进行其他心理训练前,需要使机体处于充分放松的状态,否则不会起到相应的效果。放松训练为其他心理训练的开展奠定了基础,可在多种情景中发挥作用。特别是在应激状态下,能够有效降低运动员的紧张情绪。

三、放松训练的基本程序

(1)了解放松技能的原理,选择适合自身的暗示语,反复默念、背诵暗示语,积极想象。
(2)提高自身集中注意力的时间,日渐掌握意念集中的技能。
(3)在放松训练中提高自己的感受性,捕捉身体不同部位的肌肉紧张程度,能够调节肌肉从极度的紧张状态到放松状态。
(4)掌握腹式呼吸法,使呼吸变得深沉、缓慢。

四、放松训练的方法介绍

常用的放松方法有表象放松法、美国人雅克布森首创的渐进性放松法、奥地利人舒尔兹提出的自生训练法和我国传统的调息放松法。[①] 不同放松训练方法都是利用内在或外在暗示语的诱导将注意力集中于某一身体部位,从而实现对神经系统和运动系统的放松调节。

---

① 王新胜.竞技心理训练与调控[M].北京:北京体育大学出版社,2001.

第六章　运动员心理技能训练的科学方法

（一）表象放松法

表象放松法作为一种常见的放松训练方法,通过意念想象逐步达到放松的目的。这种方法通常在运动员训练之后进行,表象放松法的实施包括以下步骤：

(1)采用舒适的卧姿,调节呼吸的频率,放松自身肌肉。

(2)想象让自己感到愉悦的情境,如平静的湖面、宽敞的房间、一望无际的草原等。

(3)进入想象中的情境,与其融为一体,真切感受情境中的一切变化。

（二）渐进放松法

与其他放松训练方法相比,渐进放松法的程序较为烦琐,要求运动员先收紧某一肌肉群,然后再令其充分放松,体会这种紧张和紧张的"排除"过程。例如,先用力收缩左脚的5个脚趾,体会其紧张状态,然后完全舒张5个脚趾,令其充分放松。通过对肌肉紧张和放松的对比,强化对放松的感受,达到放松的目的。渐进放松法的实施包括以下步骤：

(1)选择一个安静舒适的房间,闭上双眼,坐卧或仰卧于地板或床上。

(2)在身体的不同部位进行肌肉"紧张—放松"的循环练习。每次肌肉收缩10秒钟,再放松20秒钟,具体时间间隔可根据自身情况自行调整。

(3)不断体会和感受肌肉"紧张—放松"的状态。完成持续半个小时的渐进放松练习。

（三）自生训练法

自生训练法通过不断地重复自我暗示语消除个人的身心紧张,达到放松身心的目的。自我暗示语主要包括如下六种类型(表6-2)：

表 6-2 自我暗示语的不同类型

序号	指导语类型	指导语类型举例
1	沉重型	我的手或脚感到很沉重
2	温暖型	我的手或脚感到很温暖
3	心脏调整型	我的心脏在有力地跳动
4	呼吸调整型	我的呼吸感到很顺畅
5	内脏调整型	我的腹部感到很温暖
6	额头调整型	我的前额感到很凉爽

自生训练的最大优点是暗示语较为简单，容易识记，运动员可以根据自身需要随时随地开展练习。

自生训练法的实施包括以下步骤：

(1)训练前的准备动作。将双眉完全展开，使面部处于完全放松的状态，眼睛微闭，嘴稍稍张开，进行有节奏的深呼吸，注意保持呼吸的缓慢、柔和。吸气时腹部微微隆起，待腹腔内充满气体时再缓慢呼气，呼气持续时间应是吸气持续时间的 2 倍以上，保证训练前机体的安静、放松状态。一般情况下，准备动作持续 3 分钟。

(2)结合上述六种类型的指导语进行放松练习。

以沉重型指导语为例，介绍下沉重感练习的具体实施过程。沉重感练习旨在引发和体会个体内部的沉重感觉，以增强沉重感释放后的放松感觉。

微闭双眼，心里默念或小声重复沉重型指导语，一边重复一边进入情景，切身体会每句指导语的含义。

指导语一(重复 7 次)：左腿被绑上沉重的石块，开始感到无比的沉重。

指导语二(重复 7 次)：身体开始慢慢下沉，左腿不受控制，变得越来越沉重。

指导语三(重复 7 次)：左腿有非常沉重的感觉，我想要解脱。

指导语四(重复 2 次)：石块从左腿掉落，身体慢慢上浮，心里感受到平静，有如释重负的感觉。

第六章　运动员心理技能训练的科学方法

经过包含四句指导语的一轮练习后,睁开双眼,甩甩胳膊抖抖腿,将刚才经历过的沉重感完全抛弃,之后再进行3分钟的深呼吸放松(具体要求与训练前的准备动作一致)。一次10分钟左右的沉重感练习最好能做到每天进行3次,在练习过程中,注意不要分神,集中注意力感受描述沉重的语句。身体各个部位均可进行沉重感练习,可选择7天进行腿部沉重感练习,7天进行臂部沉重感练习,7天进行头部沉重感练习。21天为一个周期,经过21天的坚持后,通常会对沉重感保持敏感。

其他类型的感觉练习与沉重感练习相似,选择好对应的指导语后每天进行3次10分钟左右的练习,并以21天的周期为单位,进行多种感觉的放松练习。

(四)调息放松法

调息放松法是由我国中医创立的传统的养生方法,运动员要想掌握此方法,需要了解一些中医学的基础知识,并将理论应用于实践,逐步做到在特定的时间、情境中,将深吸气与慢呼气配合,意守丹田、印堂穴等位置,以达到浑身放松、身心调养的目的。

调息放松指通过相关身体活动、意念活动、呼吸活动调整人的身心状态。调息主要可以通过以下三种手段来实现:

(1)势子导引:通过肌体活动影响神经机能,促进体内真气运行。

(2)意念导引:通过大脑皮层的思维或意象活动,促进体内真气运行。

(3)调息导引:通过调节呼吸引发中枢机能发生改变,促进体内真气运行。

调息放松法涉及各种流派的功法,功法一般包括行、立、坐、卧等基本形式,在熟练掌握基本形式的基础上可将基本形式组成动静结合的练习形式,不同功法均包含练身、练意、练气、练精的基本方法和相关原理,下面主要介绍两种常见的调息放松法。

(1)意守丹田法。中国文化和中医创造了"穴位"这一名词,穴位指人体经络上具有固定位置的点或区域。丹田是指人体中气海或关元的部位,我国古代中医认为意守丹田穴能够有效排除忧虑杂念,培养元气真气。意守丹田法作为一种最简单的调息练习,贵在坚持。

在进行意守丹田法的练习时,运动员需要遵循以下基本程序:

①采用坐姿或站姿,保持全身放松,大脑进入安静状态。

②将意念集中在丹田,将双手掌心朝内叠放于穴位处,集中注意力。

③保持意念较长时间的集中状态,在意念不集中时,保持心静并尝试将意念引回。

(2)静坐法。静坐法与意守丹田法类似,但意守的内容有所差别。运动员进行静坐法练习时需要按照以下基本程序进行:

①端坐于平整的地面上,保持躯干正直,肌肉放松,特别注意颈部的放松。

②忽略自己的身体姿势和动作,逐步实现入静,保持大脑的安静。

③在头脑中想象最能令自己放松的情景,深入其中,反复体验和感受舒适的感觉。

④在意念离开时,引回意念。

静坐法也贵在坚持,运动员每天抽空练习20分钟将会有很好的效果,其也可被用于大量运动后肌肉疲劳的恢复练习中。

第三节　表象训练

一、表象训练概述

表象训练又称想象训练,它指的是在暗示语的指导下,在头脑中对某种运动动作或运动情境反复想象,从而提高运动技能和情绪控制能力的方法。[①] 相比于其他的运动技能训练,表象训练具有强直观性和形象性的特点,通过在自己的头脑中、心灵深处映射出自己的形象,做出虚拟的动作,唤起并改善自身的运动技能。

美国著名学者雅克布森提出的心理神经肌肉理论能够较好解释表象训练的作用和机理。雅克布森在20世纪30年代初的实验研究中发

---

① 赵新世.运动员心理调控与训练方案设计研究[M].北京:中国水利水电出版社,2019.

第六章　运动员心理技能训练的科学方法

现,让被试者想象曲右臂的动作,而实际不做曲右臂的动作,其机电图(电极放置于有关肌肉)出现了比实际曲右臂动作时的机电波幅要低,但比不屈右臂时的机电波幅要高的现象,而且这种机电变化的形状和持续时间与实际运动时的机电图形非常相似。① 因而此理论认为,人体在进行想象时会伴随着与实际运动相类似的神经肌肉活动,其神经肌肉反应虽然较为微弱,但可以测量,并且能够通过多次激发达到巩固和完善动作的作用。

国外通过多种实验研究证明了表象训练的有效性。以 20 世纪 60 年代的表象训练对篮球罚球练习效果的影响为例,此次实验随机选取了 95 名大学生被试,把其随机分为 5 组,分别进行篮球罚球的练习。第一组被试只进行表象投篮练习;第二组被试只进行实际投篮练习;第三组被试先进行 7 次实际投篮练习再进行 5 次表象投篮练习;第四组被试先进行 7 次表象投篮练习再进行 5 次实际投篮练习;第五组被试为空白对照组,不进行任何类型的练习。在练习后,分别检查五组被试的投篮成绩,结果发现第四组被试的投篮成绩(先进行表象练习后进行实际练习)好于第三组(先进行实际练习后进行表象练习),而其余三组被试的投篮成绩都很不理想。由此可见,将表象练习与实际练习有机结合起来,训练效果最佳。

表象训练采用多种形式,如言语暗示、播放录音、视频等。如今,随着教学条件的改善,自媒体教室的普及,先拍摄相关运动技术的视频,再播放给运动员,要求运动员看完视频后,先在脑中将完整的动作程序"过一遍",反复回想视频细节,再进行实际训练操作的方式最为常见。

二、表象训练的种类

表象技能训练有多种不同的类型,通过掌握不同种类的表象训练技能,最终对表象训练这一心理技能训练方法有更深刻的认识。

(一)表象清晰性训练

表象清晰性训练旨在提高运动员创造的感觉印象的真实性,使虚拟

---

① 李明.体育运动心理训练理论与实践[M].武汉:中国地质大学出版社,2015.

的运动想象无限接近于现实的运动训练。清晰性训练的主要内容涉及表象中的视觉成分,对训练场中的具体静物、人物进行细致的描述并在头脑中进行精确再现。在此基础上,进行动觉表象训练,回顾和再现动态运动动作中的每一个细节,使动作表象中所有的体验都清晰呈现。在每次结束表象清晰性训练后,要对本次的表象清晰程度进行评分,便于把握实际的掌握情况。

(二)表象控制力训练

表象控制力训练属于有意识的控制训练,将表象动作聚焦于某一瞬间或环节,控制表象中的形象,放大、缩小表象大小,放慢或加快表象动作。其训练对于强化动作要领、纠正错误动作有很大的帮助。在表象控制力训练中通常会降低动作的运动速度,加深在运动过程中对肌肉的感觉。

(三)自我觉察训练

严格意义上来讲,进行正式表象训练之前,应该对运动员的初始水平进行定量测量,并在进行表象清晰性训练、控制性训练的同时,进行自我觉察训练,使运动员敏锐地觉察到自身的存在,自身动作在细节上的变化。

(四)结合具体专项运动的表象训练

此种表象训练在现实生活中具有很强的现实意义,受到广大教练员和运动员的认同和欢迎。要想掌握此训练方法,运动员应该首先理解专项训练的"表象脚本"的制定。表象脚本是运动员为准确完成定型的动作而书写的文字序列材料,目的是帮助运动员避免遗漏原先熟练的动作或将若干动作相互混淆。[1]

结合专项运动的表象训练使表象训练与专项运动结合,使运动员进行身临其境地想象,解决专项体育运动中的技术难点。此训练方法十分适应于目前激烈的运动竞技环境。

---

[1] 林崇德. 心理学大辞典[M]. 上海:上海教育出版社,2003.

三、表象训练的作用

（一）有助于运动员精进自身的运动技能

运动员进行技术动作训练时，会在不同的脑细胞间产生暂时的联系，当训练次数足够多使得暂时联系转变为稳定联系时，运动技术便定型了。运动员进行表象训练时，清晰的动作想象和行为反应会产生和实际技术动作训练相同的神经细胞脉冲。所以，表象训练有很好的训练效果，成为技术动作训练的补充练习手段，有助于运动员不断完善自身的运动技能。

（二）有助于提升运动员的自信心

运动员在赛前接受表象诱导，反复演练最佳技术动作，整合各种运动技术感觉，能帮助缓解运动员的紧张情绪，提升自信心。若能进一步唤起运动员对成功的强烈想象，会有更加显著的效果。

（三）有助于形成"示范效应"，达到最佳运动状态

根据有关专家的研究结果表明，长期进行表象训练，能够大幅提升动作的精确度，在做出实际的动作之前形成"示范效应"，促进运动员较快进入最佳的运动状态。

四、表象训练的基本程序

（一）放松身体

在进行正式的表象训练之前，首先需要放松身体。身体的放松能够促进肌肉和中枢神经系统的放松。运动员可以选择一个安静舒适的环境，保持自己最舒适的姿势，进行身体的放松，感受心静。

(二)唤醒机体感觉

表象训练的实质是"内化训练",将实际的训练过程、内容在头脑中进行内化。所以,在进行表象训练时应该唤醒部分机体感觉,使表象训练的虚拟环境背景中浮现出现实的训练空间,并与现实世界中的训练环境、比赛环境保持高度一致。

感觉唤醒涉及视觉、听觉等多种机体感觉。

1. 唤醒视觉

在虚拟的意象空间中"看到"运动场地、器材设备、教练员、队友以及观众等。

2. 唤醒听觉

在虚拟的意象空间中"听到"教练员的指导声、器材设备的声音、队友的移动声,甚至在场观众的呼喊声等。

3. 唤醒触觉

在虚拟的意象空间中"感觉到"运动器械的温度、重量以及在赛场上和对手针锋相对的感觉。

4. 唤醒运动觉

在虚拟的意象空间中感受自身的运动变化,包括姿势动作的变化、肌肉状态的变化和心理状态的变化。

五、表象训练的注意事项

在具体的表象训练过程中,需要注意以下几点:
(1)对表象训练持肯定的态度并积极投身于每次的表象训练练习之中。只有喜欢才能把事情做好,如果对表象训练的效果持怀疑态度,运动员只会将表象训练看成一种负担,最终对技术训练效果产生负面影响。因此,在进行实际的表象训练之前,教练员应该开展相关课程,介绍表象训练的目的、意义等理论知识,提高运动员的认知,使运动员对表象训练保持开放的态度。

(2)表象训练仅仅是一种辅助手段,不能取代动作技能训练。在实际的训练过程中,还应该将反复的动作练习放在首位,表象训练对动作技能的学习有帮助,但其有利影响是有限度的。

第四节　暗示训练

一、暗示训练的概念

暗示训练指利用言语等刺激影响运动员的心理状态,控制运动员的竞技行为的过程。暗示训练方法常见于气功、瑜伽等运动项目。

德国的著名学者舒尔茨在1932年出版了《自我暗示训练》,通过对比研究揭示了自我暗示对病人的显著性效果,拉开了自我暗示研究的序幕。现今,对于自我暗示的研究不断深入,在体育界开辟了有关暗示训练的内容,强调了暗示训练对运动员产生的积极效果。

二、暗示训练的作用

在著名的巴甫洛夫理论中,涉及第一信号系统与第二信号系统的概念。他指出,有两类不同的条件反射,一类是以实物即"第一信号"为条件刺激物的条件反射,称作第一信号系统;一类是以言词即"第二信号"为条件刺激物的条件反射,称作第二信号系统。[1] 暗示训练的作用是通过第二信号系统(言语)对中枢神经系统的兴奋水平进行调节的过程实现的。所以,暗示训练能够提高运动技术动作的稳定性这一结论是有科学依据的。

---

[1] 郭念锋.国家职业资格培训教程 心理咨询师(基础知识)[M].北京:民族出版社,2012.

运动员在比赛和训练中会逐渐发现自身的不足和缺点,如何克服自身缺点,改进、提高自身运动能力成为关键。有相关研究结果表明,教练员和心理专家若能充分了解运动员的自身特点,制定出适合运动员不同训练阶段现实情况的心理暗示语,并要求运动员时常在脑中、心中默念,通过对第二信号系统的强化能够有效增强训练效果,增强运动员的自信,帮助运动员克服重重困难,取得最终的比赛胜利。

以我国射击运动员在奥运会中的实际训练和表现为例,射击运动员们在心理专家的指导下,进行有针对性的心理咨询,并且心理专家为每一位即将参加比赛的运动员制定了独一无二的暗示语。最终,一些在比赛中取得成功的运动员纷纷表示暗示训练为他们带来了好处。

运动员一回忆道:在对多次比赛经历进行回顾后,不断对暗示语——不管在比赛开始时我对动作的具体感觉怎么样,只要在比赛过程中始终保持"命中"姿势,我的内在感觉和注意力集中状态就会越来越好进行重复,最终比赛成绩得到了提升。

运动员二回忆道:在心理专家的引导下,在回顾了长达19年的射击经历后,便开始了长期的自我暗示训练——我属于比赛型的运动员,在比赛中总能超常发挥;我需要改变自己的价值观念,用发挥水平而不是比赛的名次重新定义自己的表现。

运动员三回忆道:赛前的紧张情绪能够通过不断重复暗示口诀——深呼吸,深呼吸,镇静下来。我相信自己的力量,我要信不要怕,我要信不要慌,得到缓解。

心理暗示训练的成效普遍存在于各体育运动项目中,但只有有较强针对性的暗示语才能有较好的效果。运动员能够从反复默念暗示语中获得力量,最终实现真正相信指导语中的内容,克服原来不可逾越的心理障碍,使自身能力得到大幅提升。

三、暗示训练的基本程序

暗示训练的基本程序包括以下几点:

(1)对运动员进行思想教育,使运动员对暗示训练不排斥,相信言语对个人情感和行为表现的重要作用。

(2)建议运动员关注自己在比赛过程中曾出现过的消极想法。例如:我这次可真惨,肯定发挥不好,记得上次就是在这个体育场出了洋相,创造了历史新低。

(3)帮助运动员重新认识、理性看待消极的想法,制定出有针对性的暗示语。例如:我上次在这个运动场进行比赛时太紧张了,最近我训练得很认真并且进行了赛前的情绪调节,只要在比赛中正常发挥就行了。在暗示语中常见的关键词包括:我比对方轻松多了;我什么也不用担心,只要尽力就好等。

(4)要求运动员在训练阶段或比赛前不断重复已制定好的暗示语,不断对自己进行积极暗示。

(5)提倡运动员在最终比赛中检验自己的信念,保持积极的心理状态,定时检查、排除自己的消极想法。

运动员可在卡片上写下暗示训练基本程序(2)(3)步骤过程中涉及的消极想法和暗示语,卡片正面是不同的消极想法,背面是对应的积极提示语,以增强暗示语的实际效果。

四、暗示训练的注意事项

在暗示训练程序的实施过程中,需要注意以下几点:

(1)暗示语应关注过程性问题,避免采用大量的结果性暗示给运动员造成极大的心理负担。

(2)暗示语应针对具体问题,多采用积极词汇。

(3)暗示语应与实际的比赛训练过程相适应。在比分领先时,自我暗示语的关键词包括一鼓作气、坚持到底等。在比分落后时,自我暗示语的关键词包括不要放弃,我能将比分一点儿一点儿地扳回来等。

第七章 运动员训练过程中比赛心理的科学调控

随着运动心理学的深入发展，人们越来越认识到运动员的心理状况对成绩影响的重要性，并且将运动员的心理调控纳入运动训练中，使之成为运动训练的一个重要环节。本章将从比赛目标的设置与心理定向、比赛方案的科学制定、比赛心理调节的基本方法、比赛过程中常见的心理问题与应对策略四个方向，对运动员训练过程中比赛心理的科学调控进行具体阐述。

第一节 比赛目标的设置与心理定向

一、设置比赛目标

(一)比赛目标的类型

1. 行为目标和结果目标

行为目标指的是运动员在运动训练的过程中设置的要达到某种具体动作或者具体技术的标准的目标；而运动训练的结果目标一般是指使运动员在比赛中取得理想的成绩。

行为目标一般具有短期、可控的特点。行为目标的对象是一个个单独的动作或者技术，一般只要运动员付出足够的努力，就能在运动训练

第七章　运动员训练过程中比赛心理的科学调控

的某个阶段内将其掌握。而结果目标一般具有长期、相对不可控的特点。结果目标贯穿运动训练的始终，是运动训练存在的根本意义。同时，想要达到结果目标仅仅依靠运动员的努力是不够的，比赛的结果还将受到比赛对手、比赛环境、气候条件，甚至运气的影响。

从两种目标对运动心理的影响来说，行为目标对运动员心理的影响比较小，因为其只是短期内的目标，比较容易达成，就算无法完成，运动员还可以及时降低目标难度，不会对运动员造成过大的打击。而结果目标对运动员心理的影响则比较大，因为其是整个运动训练存在的根本原因，一旦无法完成，会让运动员质疑自己进行运动训练的意义，产生强烈的挫败感。

在运动训练的过程中，教练员应该对运动员为完成目标而付出的努力给予鼓励和肯定，并帮助他们解决在完成目标过程中遇到的问题，以安抚运动员的情绪，使他们保持训练的积极性和自信心。在运动员无法完成目标时，教练员应该给予安慰，并且帮助分析目标存在的问题，以便及时进行调整。

2. 困难目标与容易目标

根据科学研究证明，具有一定难度性的目标比容易的目标更能激发运动员的挑战心理，完成的结果也比容易目标的完成结果更令人满意。但是如果目标的难度过大，又容易使运动员产生畏惧的心理，打击运动员的自信心。因此，在设定目标时，确定合适的难度水平非常重要。一般来说，目标的难度处于"运动员能够通过尽自己最大的努力完成"为最佳。

在目标难度的确定上，只看运动员的实际水平是不够的，还要考察运动员对自己的水平的评价，如果从客观上看一位运动员的水平能够达到某个困难目标，但是该运动员对自己的评价较低，最终这位运动员也很难完成这项困难目标。根据实验证明，高能力、高成就需要和高自我效能的运动员比较能够接受难度更大的目标。

3. 短期目标和长期目标

运动训练的过程中短期目标和长期目标一样重要，短期目标是长期目标实现的基础，而长期目标则是设置短期目标的原因。相对于长期目

标来说,设置短期目标有以下优势:

(1)短期目标能够及时对运动员使用的训练方法以及达到的运动成绩进行评价,发现其中不合理的地方,便于随时进行调整。

(2)由于实现短期目标所用的时间不会太长,运动员能够在较短的时间内看到训练效果,这样能够帮助运动员增加成就感,提高其内部动机水平,使其对接下来的训练更有热情和自信。

(3)短期目标的完成还能够提升运动员的自我评价水平,使运动员从训练过程中获得乐趣,从而对运动训练形成期望。

相对来说,短期目标的设置更有助于鼓励运动员以饱满的激情完成整个运动训练,并最终达到长期目标。但是长期目标也是必须存在的,只有设置长期目标,才能确定整个运动训练的方向,最终实现运动训练的意义。

(二)制定比赛目标的原则

1. 及时进行比赛目标的调节

运动训练和比赛不是一成不变的,而是一个动态变化的过程,因此,比赛目标的设定也不是一劳永逸的,而是要根据具体情况的变化及时进行调整。对运动目标的调整,主要依据以下两个方面:

(1)运动员的训练状态和自我认知状况

运动员的训练状态是决定比赛目标的主要因素,在运动训练的整个过程中都要对其进行密切关注,短期内的训练状态能够决定运动员在这一个阶段内的具体目标,而整个训练过程中的训练状态就决定最终的比赛目标。运动员的自我认知状况也是影响运动员比赛目标的重要因素,自我评价比较高的运动员往往会制定比较具有挑战性的比赛目标,而自我评价比较低的运动员制定的比赛目标一般比较保守。训练团队要根据运动员的运动训练状态和自我认知状况及时调整比赛目标,增强比赛目标的科学性。

(2)运动员伤病后的心理恢复状况

运动员出现伤病是一件难以避免的事情,而伤病会给运动员带来巨大的伤害。从身体上来说,会伤害身体机能,使运动员的身体素质水平下降,严重的还会使运动员无法继续进行运动事业。从心理上来说,会

第七章　运动员训练过程中比赛心理的科学调控

让运动员产生心理阴影,对运动产生畏惧心理,打击运动员的自信心。训练团队应该给予伤病的运动员更多的关注,帮助其安排恢复训练,并根据运动员伤病后身体和心理的恢复状况进行比赛目标的调整。

2. 专项目标原则和难度目标原则

训练是为了比赛做准备,想要取得良好的比赛成绩就要保证平时一丝不苟地认真对待训练。训练时,要将比赛时每一个容易出错的地方都作为一个专项,进行专门的练习,完成专项目标。

对于一些非常有难度的动作和技术,设定难度动作目标,可以采取先分解再结合的训练方式。以花样滑冰运动为例,有些运动员可能会因为害怕摔倒而对一些难度较大的动作产生畏惧心理,这时候就可以先对运动员进行一些有针对性的心理训练,帮助其克服恐惧心理;再单独使其进行动作和技术的练习;最后再让运动员将两者结合起来,完成难度目标。

(三)制定比赛目标的方法

1. 信息反馈法

及时对运动员的训练情况进行分析、总结、反馈,对于制定有效的比赛目标具有非常重要的作用。如果不了解运动员的训练状况,就无法知道训练过程中出现的问题,无法对训练的策略、内容以及比赛目标进行调整;运动员也无法知道自己的训练是否有效,无法获得激励,容易对训练产生懈怠心理。及时进行信息反馈能够保证准确掌握运动员运动训练的情况,了解训练过程中的长处与不足,便于设定更加合理的训练目标。

2. 自主参与法

科学研究表明,对个人来说,自主设定的目标的实施情况比他人施加的目标的实现情况要好,因此,在运动训练的过程中让运动员参与自己的比赛目标的制定是一件十分有必要的事情。教练员可以向运动员提供科学的信息分析,让运动员对训练过程中的主客观因素进行充分了

解,然后参与决策。运动员自主参与目标设置具有以下两个优势:

(1)能够提升运动员对自身状况以及训练、比赛的状况的认知水平,增强运动员的竞技智能。

(2)由于目标是由运动员参与制定的,说明运动员充分了解并且接受目标,这有助于激发运动员的训练自觉性和积极性。

3. 基础值确定法

一个科学的比赛目标应该是挑战性和可实现性的统一,具有一定的挑战性能够激发运动员的斗志,提高运动员的动机水平,而具有可实现性则能够让运动员获得成就感,激励运动员持续不断进取。准确地把握目标的挑战性和可实现性的度并不是一件容易的事情,一般需要采取参考基础值进行确定的方法,通常参考的基础值为最近的比赛成绩,一两个星期之内的比赛成绩为最佳。

4. 具体目标法

具体目标法是指在为运动员制定目标的时候,将一些比较模糊的词语,如"还需要努力""速度再快点"等,替换成具体的、可量化的数字,比如"再多跑一公里""速度再少 15 秒"等。模糊的词语容易让运动员无法了解具体的努力目标,从而产生懈怠心理,而量化的要求则能让运动员明确努力的方向。另外,模糊的目标也不利于评价训练的效果,而量化的目标则能够清晰地评价运动员的完成状况,激励运动员继续进行努力。

二、建立比赛心理定向

比赛心理定向指的是运动员在比赛之前或者在比赛过程中的心理准备状态和注意的指向性。

(一)比赛心理定向的相关理论

1. 归因理论

归因理论是由美国著名的心理认知学家韦纳提出来的,韦纳认为人

第七章　运动员训练过程中比赛心理的科学调控

的行为结果都能够通过分析一个人的行为过程得出,可以根据人们的行为过程对行为结果进行预测和判断,进而对行为过程进行约束和规范。

韦纳还对影响人们的行为结果的因素进行了总结,总共包括能力高低、努力程度、身心状况、工作难度、运气好坏、外界环境六个方面。韦纳通过研究对这些因素进行了分类归纳,将其分成了三个维度,下面简要概括。

(1)因素来源的维度,即影响行为结果的因素的来源是行为人的内部还是外部。

(2)稳定性维度,即影响行为结果的因素是经常发生还是偶然发生的。

(3)控制性维度,即影响行为结果的因素是否能够被行为人控制。

韦纳从三个维度的角度出发,对影响行为结果的因素进行分析,形成了归因的"三维度"模式,具体内容如表7-1所示。

表7-1　归因的"三维度"模式[1]

行为影响因素	所属维度		
能力高低	内部	稳定	不可控
努力程度	内部	不稳定	可控
身心状况	内部	不稳定	不可控
工作难度	外部	稳定	不可控
运气好坏	外部	不稳定	不可控
外界环境	外部	不稳定	不可控

为运动员建立比赛心理定向时可以参考韦纳的归因理论,对影响比赛结果的因素从三个维度进行分析,做出能够对运动员心理定向产生有效的正面影响的规划。

2. 心理控制点理论

心理控制点是指在人们行为的过程中,对人们的行为起到控制作用

---

[1] 张忠秋. 优秀运动员心理训练实用指南[M]. 北京:人民体育出版社,2007.

的因素。人们的每种行为都受到一定力量的控制,这些因素可能源于行为人的内部,也有可能源于行为人的外部。

所谓内部控制点,是指认为自己人生中所经历的或积极或消极的事件都是由自己的行为造成的结果,也就是说,这些事件是处于人的主动控制之下的。所谓的外部控制点,是指认为自己人生中发生的或积极或消极的事件和自己的个人行为无关,也就是说,这些事件是个人无法控制的。

一般来说,可以将运动员分成高内部控制点的和高外部控制点的两种类型,高内部控制点的运动员倾向于认为自己的运动成绩取决于自己能够控制的因素,而高外部控制点的运动员则倾向于认为自己的运动成绩取决于自己所无法控制的那些因素。

在根据心理控制点理论建立运动员的比赛心理定向时,要注意使运动员的注意力集中在可控的因素上面,比如个人的努力、运动的技术等方面。但是也要做好应对不可控因素的准备,培养运动员面对突发状况的能力,使其能够在受到如场地、天气、现场观众等因素的影响下,及时恢复,重新将自己能够控制的因素的优势发挥出来。

(二)建立比赛心理定向的原则

1. 把握可控因素的原则

对运动员比赛心理定向造成影响的因素包括可控因素和不可控因素两种。其中,可控因素,是指运动员自己能够调节控制的因素,比如自己对动作和技术的掌握水平,自己的比赛战术和自己能够进行的心理调节等;不可控因素,是指运动员无法进行调节控制的因素,比如比赛的器械、气候条件、对手的技术水平等。运动员在建立心理定向时,要注意突出可控因素,将自己的努力集中在可控因素上,尽量不在可控因素上出问题。对于不可控因素,也无需畏惧,只需要接受其是客观存在的事实,锻炼自己对于突发状况的应对能力即可。

2. 注重过程原则

影响运动员比赛心理定向的核心因素可分为过程性定向因素和结果性定向因素。对于比赛过程中可能出现的各种问题要逐一制定相应

第七章 运动员训练过程中比赛心理的科学调控

的和具体可行的心理对策。如当比赛进程中遇到开局不顺、落后、裁判误判等情况时,运动员个人或全队应采取最基本的应付方法和手段。运动员对整个比赛要有大局观、全局观,要有拿得起、放得下的意识和决心,决不可优柔寡断、因小失大、错失良机。

第二节 比赛方案的科学制定

一、明确制定比赛方案的目的

比赛方案是教练员和运动员为了完成比赛目标而根据比赛进程制定的详细的计划。比赛方案是每场竞技比赛中必不可少的内容,既为运动员的训练指明了具体的方向,又被视为运动员比赛之前的重要心理准备。

制定比赛方案的目的就是为运动训练和比赛过程中可能出现的各项突发事件做准备,保证运动员和教练员能够及时应对这些事项,不至于手足无措,提升运动员的心理安全感和自信心。

二、制定比赛方案的作用

比赛方案在运动训练和比赛过程中都起着不可替代的作用,具体内容如下:

(1)制定比赛方案需要对整个比赛过程中的各种事项进行详细分析,包括比赛形式、各种可能出现的突发事件等,有利于全面掌握比赛的情况,做好充足、细致的比赛准备。

(2)比赛过程中出现的大部分事件都能够依照比赛方案中制定的措施解决,这无疑为运动员提供了全面的后盾支持,使运动员做到了心中有数,能够极大地增强运动员的自信心。

(3)比赛方案的制定需要运动员、教练员和团队的其他工作人员的共同参与,这个过程中大家相互交流,共同出谋划策,能够加深彼此之间的了解和情谊,增强团队凝聚力。

(4)有了比赛方案作为解决问题的技术支持,运动员就能够减少比赛带来的焦虑和不安,专心投入比赛中去,因此,比赛方案的制定能够使运动员的思维净化、注意力集中。

三、如何制定比赛方案

(一)制定比赛技术战术方案

比赛技术战术方案的制定一般需要假设比赛过程中可能或出现的问题,然后再提出解决这些问题的方案,例如,"如果比赛时对手采用了某种战术,那么我会采用某种战术来应对"。下面我们展示一位运动员制定的比赛技术战术方案并予以具体说明(如表7-2所示)。

表7-2 一位风帆运动员制定的比赛方案[①]

如果	我会
赛前训练安排过量	主动向教练员提出自己的感受; 自己及时有效地做放松恢复训; 找大夫或队友做相互恢复性按摩; 向有关领导提出合理化建议
比赛器材准备仓促	正确对待,冷静处理; 相信自己的技术实力; 尽快了解器材的性能、特点; 重点考虑受风中心与以往训练用帆的差距; 多做转向练习,熟练掌握板体侧阻中心
赛前训练时和教练产生分歧	合理综合分析自己的观点正确与否; 与教练沟通,理智地提出自己的观点与道理; 注意与教练沟通的场合和方式方法; 切记稳定自己的情绪

---

① 胡桂英.运动心理学[M].杭州:浙江大学出版社,2008.

第七章　运动员训练过程中比赛心理的科学调控

续表

如果	我会
对比赛场地比较陌生	仔细观察风源及地形对风力风向的影响； 仔细观察掌握各风向的风区风摆的变化规律； 注意岸边风向曲线的变化及风力减弱区； 明确每日一潮的规律，面对大海从右向左； 了解最高流速的时间：距岸边 3000 米的流速为每分钟 10～12 米，距岸边 300 米的流速为每分钟 4～5 米

制定比赛方案一定要依据运动员的个人特征，可以对一些优秀运动员的比赛方案进行借鉴，但是绝对不能直接套用。只有与运动员自身特点相匹配的比赛方案，才能在运动比赛中发挥最大的效用。

(二)制定比赛新闻采访方案

运动竞赛作为一项广受公众关注的事项，在运动比赛过程中接受媒体的采访，让公众了解相关信息是不可避免的事情。因此，制定合理的比赛新闻采访方案也是非常重要的，要保证在采访时能够以积极的态度应对，采访所做的表现不能干扰到队伍的训练和比赛。下面是一则具体的比赛新闻采访方案的内容，以供参考。

1. 新闻发布会

新闻发布会的时间一般选在正式比赛开始之前的 5 天以及比赛结束之后，在新闻发布会上可以透露一些公众比较感兴趣但是又不会影响到运动员比赛状态的信息，比如饮食、交通、场地等内容。

2. 即时采访

即时采访一般是在比赛结束后在比赛场地上对运动员进行的简单采访，一般即时采访问到的问题有"你今天的表现如何""对自己今天的比赛表现是否还满意"等。

3. 推销性采访

推销性采访是指运动员方面主动提供一些照片供媒体使用,以便加深公众对运动员的认识和了解,加大运动员的知名度。

第三节 比赛心理调节的基本方法

一、呼吸调节

(一)呼吸调节概述

呼吸调节法是指通过改变呼吸的频率、呼吸的深度、呼吸的方式等,来达到控制情绪的目的的方法。科学研究证明,采用深沉的腹式呼吸能够起到很好的平稳情绪波动的作用。

当一个人处于紧张的情绪状态时,往往会伴随着出现呼吸短促的症状,严重时还会发现自己变得呼吸异常困难,上气不接下气。之所以会出现这种状况,是因为呼气不完全,此时进行缓慢的呼气和吸气练习能够缓解这种症状。缓慢的呼气和吸气能够降低兴奋度,使人平静下来。人处于紧张状态时,呼吸的频率会变快,但是呼气的深度却不够,快速呼吸能够使体内的氧气在短时间内大量增加,体内的二氧化碳也伴随着这种呼吸方式被大量呼出体外,结果就是人体血液中的二氧化碳含量失衡,时间一长,中枢神经便迅速作出抑制性的保护反应。因此,采用加深或放慢呼吸频率的方法可以得到情绪稳定的效果;当情绪低沉时,可以采用长吸气与有力的呼气练习来提高情绪的兴奋水平。

(二)"一分钟呼吸"放松法

呼吸调节的方法多种多样,在这里我们提供一种叫作"一分钟呼吸"的呼吸调节方法,以供参考。其具体内容如下:

第七章　运动员训练过程中比赛心理的科学调控

(1)运动员在比赛场地附近选择一个合适的地方盘腿坐下,双眼微闭,身体自然放松,双臂自然下垂,双手掌心向下放在腿上,挺胸,收腹,下巴微微后缩。

(2)用鼻子轻缓地吸气,在脑海中想象着气体进入身体的整个过程,空气首先轻轻进入鼻腔,然后依次经过胸腔、腹腔,最后进入小腹中。小腹在呼气的过程中轻轻鼓起,一直鼓到最大的程度。

(3)小腹慢慢收起,呼进的气体沿着相反的路径,依次经过小腹、腹腔、胸腔,最后从鼻腔被缓缓地呼出来

(4)按照相同的方法,开始进行第二次呼吸,在心中默念"2",再然后是"3""4"……将这呼吸过程重复十次,十次练习一共耗费的时间大概为一分钟,所以,这种呼吸调节的方式被称为"一分钟呼吸"放松法。

二、活动调节

(一)活动调节概述

活动调节法是指通过改变身体的活动方式来达到控制情绪的目的的心理调节方法。活动调节的原理是肌肉和大脑传播信息的双向性。一直以来我们认为只能大脑向肌肉传递信息控制肌肉运动,但是实际上肌肉也可以向大脑传递信息。科学的研究表明,肌肉的活跃程度和向大脑传递的冲动的数量成正方向变动的关系,肌肉运动越活跃,向大脑传递的冲动就越多,大脑就会越兴奋;肌肉越放松,向大脑传递的冲动就越少,大脑的兴奋程度也会降低。

(二)活动调节的形式

1. 情绪紧张时

采用一些强度小、幅度大、速度和节奏慢的动作练习,降低情绪的兴奋性水平。

2. 情绪低沉时

可采用幅度小、强度大、速度和节奏快的变向动作练习,提高情绪的兴奋性水平。

三、转移调节

(一)转移调节概述

转移调节是指通过将人的情绪从其关注的事物上转移到别处的方式以达到控制情绪的心理调节方法。转移调节法一方面可以中止对人的情绪产生不良影响的事物继续发生作用,防止长时间沉浸在不良的情绪之中;另一方面,人们为了转移情绪参加感兴趣的事项,还能在其中获得更加积极的情绪体验。

(二)转移调节的形式

运动员处于情绪低谷的时候,要学会主动进行情绪调节,可以参加一些自己平时没有时间参与的娱乐活动,比如听音乐、唱歌、看电影等;在比赛之前,教练员也要对运动员的情绪多加关注,可以举办一些聚餐、联谊活动,帮助运动员转移注意力,防止运动员在比赛之前的心理压力过大,缓解紧张氛围。

四、音乐调节

音乐是一种神奇的艺术,它能够通过曲调、节奏、旋律或者歌词的不同,对人的情绪产生微妙的影响,调节人体的兴奋度,使人的情绪跟随音乐的变化而发生转变。在运动员丧失运动训练的斗志和参加比赛的信心的时候,可以多欣赏一些曲调欢快激昂的音乐,有助于激发运动员的斗志和信心;运动员在比赛之前情绪过于紧张的时候,可以多欣赏一些曲调轻柔、节奏缓慢的音乐,以降低大脑的兴奋度,放松情绪。音乐调节是一种简单有效的调节方式,运动员可以多运用音乐进行情绪调节,使自己处于比较稳定的情绪状态,保证训练的正常进行和比赛的正常发挥。

第四节 比赛过程中常见的心理问题与应对策略

一、运动员处于领先地位时

(一)领先带来的自信心理

1. 运动员的表现

运动员如果能够在激烈的比赛过程中暂时领先对手并且建立起赢得比赛的自信心,其情绪就会由比赛刚开始的紧张状态转变为激昂振奋的状态。在比赛战术上的表现为,能够集中注意力,及时准确地捕捉比赛场上出现的信息,做出精准的战术判断。在动作技术上的表现为,能够将动作技术流畅标准地发挥出来,甚至会有超常的发挥,动作失误减少,动作完成的成功率非常高,动作完成的质量高。

2. 应对策略

在这种暂时领先且心理状态非常积极的情况之下,运动员需要做的就是一定要保持心态,抓住机会,乘胜追击,不给对方选手喘息的机会,持续打击对方选手。一般来说,对方选手在失利的情况下会产生挫败的消极心理,内心会非常紧张,容易出现战术和技术上的纰漏,这个时候再被持续压制,心理就会被恐惧和崩溃主导,难以实现翻身。

当运动员在比赛中取得暂时性的领先并且建立起赢得比赛胜利的自信心的时候,就应该保持优势持续痛击对手,击溃对手的心理防线,使对手在心理上产生败势,而我方在心理上占据优势,这样对赢得比赛的胜利具有重要的帮助。

(二)领先带来的懈怠心理

1. 运动员的表现

有些心理比较浮躁的运动员,一旦在比赛中取得暂时性的领先优势,就认为自己必然能够取得比赛的胜利,从而轻视对手,对比赛产生懈怠心理。在战术上的表现为,注意力不集中,感知不到赛场上出现的各种信息,无法快速及时地做出判断和反应,战术应对能力下降。在动作技术上的表现为,动作发挥不到位,容易出现动作失误,动作完成的质量低。运动员由于盲目自信的心理产生的懈怠表现相当于给了对方反超的机会,两者之间的距离会不断减小,取得的暂时性优势也会消失不见。而存在这种心理的运动员即使意识到对方正在赶超,一时也难以重新集中注意力进行比赛,最终的结果往往会辜负之前的领先优势。

2. 应对策略

面对这样的运动员,无论是否在比赛中取得理想的成绩,教练都要给予严肃的批评和处分,让运动员充分认识到这种比赛心理的巨大危害性,戒骄戒躁,保持面对比赛的严谨和谦逊;教练还可以将运动员的例子作为典型进行宣传教育,一方面作为对运动员本人的教训,另一方面给其他运动员以警告。

(三)领先带来的急于求成心理

1. 运动员的表现

运动员一旦在比赛中出现急于求成的心理,就会破坏原来的比赛状态,情绪兴奋水平也会变得非常不稳定。运动员的比赛成绩和其情绪兴奋水平呈现"U"形变化,情绪的不稳定会对比赛成绩产生很大的影响。在战术上的表现为,对比赛的感知能力降低,对运动技能各环节的注意广度变得狭窄,注意分配能力下降。在动作技术上的表现为,技术发挥水平低于平时,质量下降,失误增多。

第七章　运动员训练过程中比赛心理的科学调控

2. 应对策略

(1)教练员在平时的运动训练过程中针对培养运动员的耐心和耐性开展专门的练习,使运动员在训练中真正形成做事稳重、不急不躁的习惯,再将这种习惯迁移到比赛中去,就能有效避免运动员在比赛过程中形成这种急于求成的心理。

(2)运动员要时刻注意自己在比赛中的心理和情绪,一旦发现自己出现这种心理要及时进行调整。可以采取心理暗示的办法,在心里反复重复"比赛还没有结束,我要保持内心的稳定"等暗示语,使自己的内心保持稳定和平静。

二、运动员处于落后地位时

(一)落后带来的焦虑情绪

1. 运动员的表现

运动员在赛场上处于暂时落后于对手情况的时候,非常容易出现过大的心理压力,从而滋生焦虑、沮丧等消极情绪,不利于其在之后比赛中的顺利发挥。在战术上的表现是,运动员的焦虑水平变高,因注意力的集中水平变低而无法全面感知比赛,因思维混乱而无法对比赛状况做出正确的判断,应对能力也随之减弱。在动作技术上的表现是,无法发挥自己的技术特长,出现错误的频率变高,动作的质量水平也有所下降。

2. 应对策略

(1)如果运动员从事的是某些球类运动,教练员可以在运动员出现这种情绪时及时喊停,给予运动员鼓励、安慰和指导,缓解运动员的紧张、焦虑情绪。

(2)对运动员本人来说,可以在比赛的间隙及时为自己做心理调整,进行深呼吸或者放松肌肉,能够逐渐使自己的心态平稳下来;运动员还可以对自己进行积极的心理暗示,告诉自己比赛还没有结束,失利只是暂时的,还有机会在接下来的比赛中逆风翻盘,这样能够增加运动员的信心,降低运动员的焦虑感。

(二)落后导致的自我放弃

1. 运动员的表现

有些运动员的心理素质比较差,一旦在比赛过程中处于失利的局势,心理上就完全接受不了,心理防线彻底被对手打破,整个人陷入自我放弃的颓势。在战略上的表现是,不再采取正确的战略措施对付对手,放弃感知比赛,放弃对比赛形式进行判断,思维混乱,注意力涣散。在动作技术上的表现是,不再有意识地发挥自己的技术特长,动作、技术的发挥几乎是凭借自觉完成的,动作完成质量差,出错率高。在比赛中因为短暂的落后就产生自我放弃心理是一件非常严重的事情,这说明运动员缺乏竞技比赛所必须具有的竞争意识,也缺乏作为一个运动员应该拥有的拼搏和不服输精神以及运动员的职业素质。这种行为对今后的训练和比赛有百害而无一利,容易使运动员养成只能打顺境比赛而不能打逆境比赛的习惯。

2. 应对策略

(1)教练员在平时的运动训练过程中加强对运动员心理素质的锻炼;在考察运动员的时候将心理素质作为重要的考察项目,对于心理素质不过关者尽量不要接受其成为专业的运动员。

(2)运动员增强自身的情绪调节能力,及时给予自己积极的心理暗示,使自己明白目前的失利已经是无法改变的事实,只有控制好自己的情绪,使自己有一个平稳的心态,才有反败为胜的可能。

(三)落后带来的放松情绪

1. 运动员的表现

运动员在面对眼前的失利时,认为最有可能的比赛结果就是对方胜利自己失败,所以放下了心里的紧张情绪,反而能够没有束缚地进行动作。在战略上的表现是,轻松的心态有助于注意力的集中,能够及时捕捉到赛场上的信息,轻松的心态还能够使思维变得更加活跃,有助于运动员对赛场上的情况做出准确的判断。在动作技术上的表现是,轻松的心态能够使运动员放开手脚做动作,降低动作的失误率,提高动作的质量,有些情况下运动员还有可能超常发挥。运动员由于暂时落后而产生的放松情绪是一种积极的情绪,尤其在运动员是因为过度紧张而导致的失利的情况下,这种放松情绪更能带来意想不到的效果。

2. 应对策略

运动员可以在平时的训练中有意识地培养这种心理,在行动上全力以赴进行训练,提升自己的运动技能水平;在心理上做好最坏的打算,防止自己因为求胜心切而进入过于紧张的状态。

三、当双方运动员处于持平状态时

(一)害怕相持,产生畏惧心理

1. 运动员的表现

有些运动员由于体力的限制等原因更擅长速战速决的比赛,一旦出现双方相持、难分胜负的持久战时,就会担心自己会由于体力的下降而无法战胜比赛,产生对相持状态的畏惧心理。运动员一旦出现这种心理就说明注意力已经分散,无法集中精力全心应对比赛,最终失败的可能性变大。

2. 应对策略

(1)运动员在平时的训练过程中加强体能训练,以应对可能出现的持平局势。

(2)使用"最小极大"战略,即力求寻找对方的薄弱环节,以己之长攻彼之短,以最小的体能和技术代价获取最大的战果。

(二)敢于相持,相信自己能取胜

1. 运动员的表现

这类运动员具有强烈的竞争心理和不服输的精神,敢于和强手比赛,把战胜强手看成是自己的荣耀,并能在激烈对抗的比赛中体会到运动的愉快感。心理兴奋水平的提高能够影响到比赛成绩,拥有这种心理状态的人取胜的可能性会增大。

2. 应对策略

教练员在平时训练和生活中,应有意识地培养运动员良好的与意志有关的个性品质,如勇敢、顽强、坚韧、自信、胜不骄、败不馁等。运动员在比赛中有良好的心理表现是非常重要的。

第八章 运动员训练过程中心理健康教育的科学开展

运动训练是运动员身体运动和心理活动相统一的过程。现代运动训练和竞技体育比赛对运动员的心理适应能力和心理素质提出了很高的要求,健康的心理素质和良好的心理适应能力是运动员适应不断变化的运动条件与环境,使自己内在心理与外在环境保持平衡,从而充分发挥技战术能力的基础与前提,所以培养优秀的运动员,既要加强心理健康教育,又要开展运动心理训练,将教育与训练有机结合起来,并相互渗透与融合,从而有效提高运动员的心理健康水平和运动心理能力。本章主要研究运动训练中心理健康教育的开展,主要内容包括运动心理疲劳的控制、运动损伤康复的心理调节方式以及运动员心理健康处方的制定。

第一节 运动心理疲劳的科学控制

一、运动心理疲劳概述

(一)运动心理疲劳的概念

运动心理疲劳是指在运动训练中因各种内外部因素对运动员施加较大心理负荷而导致的运动员心理加工能力暂时下降或扰乱并伴有相

应内、外部症状的脑功能状态,是一种心理过程平衡状态被扰乱的心理状态。[1]

(二)运动心理疲劳的特点

1. 阶段性

根据运动心理疲劳的严重程度,可以将运动心理疲劳分为轻度疲劳、中度疲劳和重度疲劳三种类型。这三种心理疲劳也是疲劳发展的三个阶段,从轻度疲劳开始,逐渐向中度疲劳和重度疲劳发展,不同疲劳阶段疲劳程度有差异。轻度疲劳阶段疲劳程度轻,重度疲劳阶段疲劳程度严重,中度疲劳阶段疲劳程度介于二者之间。

2. 演进性

运动心理疲劳的阶段性特征也能反映出运动心理疲劳的演进与变化,如果运动员出现心理疲劳症状,不采取手段加以干预,继续按原计划训练,就会增加运动心理负荷,使运动员心理疲劳程度加重,如果依然不采取恢复措施,疲劳越来越重,从量的变化上升到质的变化,就会引起身心疾病。运动疲劳的演进性既包括程度上的演进,也就是疲劳程度越来越严重,也包括维度上的演进,即除了心理症状外,还引发了身体症状及其他症状。运动心理疲劳的发展演进是非均衡的,演进过程受到训练环境、运动员个体特征以及心理负荷的影响。

3. 可逆性

运动员在训练中出现心理疲劳后,如果及时采取有效的干预措施,如调整训练强度,变化训练环境,改变训练方式等,就可能减轻疲劳程度。而且随着训练的继续,运动员心理适应能力会越来越强,心理疲劳也会减轻或消除,这体现了运动心理疲劳的可逆性。

---

[1] 张力为,张连成. 心理疲劳 竞技运动中的研究与应用[M]. 北京:北京体育大学出版社,2013.

(三)运动心理疲劳的症状

运动心理疲劳的症状从内部现象和外部现象两个方面表现出来,内部和外部有不同的疲劳表现,如图8-1所示。运动心理疲劳的症状为运动员判断自己是否产生心理疲劳提供了参考和对照,如果出现图中的症状,就要及时加以干预和调控,尽快消除疲劳,促进心理恢复,以免随着疲劳程度的加深而引起身心疾病,影响运动训练的正常开展。

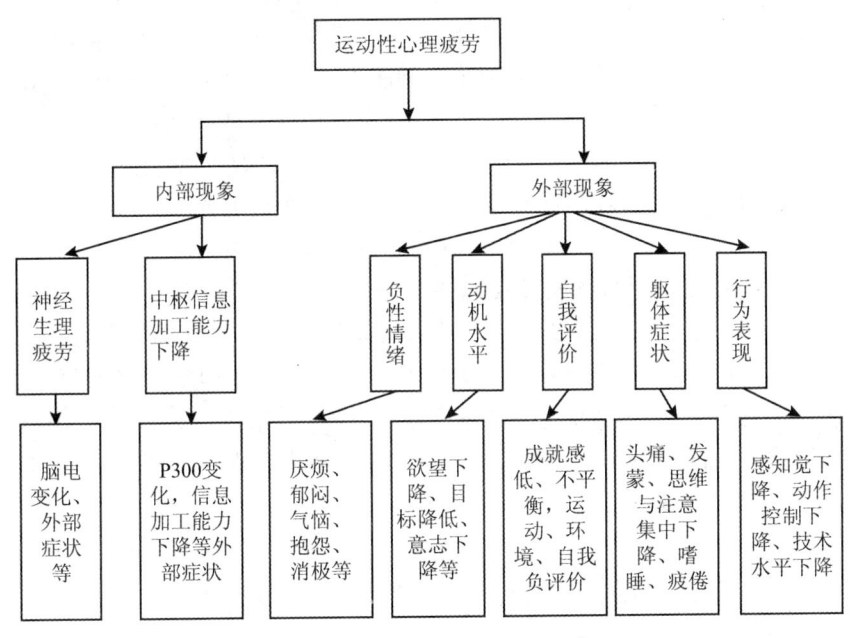

```
                        运动性心理疲劳
                       ┌──────┴──────┐
                    内部现象         外部现象
                   ┌───┴───┐   ┌──┬──┬──┬──┬──┐
                神经   中枢信息 负性 动机 自我 躯体 行为
                生理   加工能力 情绪 水平 评价 症状 表现
                疲劳   下降
                  │      │      │    │    │    │    │
                脑电  P300变  厌烦、欲望下 成就感 头痛、 感知觉下
                变化、化,信息 郁闷、降、目 低、不平 发蒙、 降、动作
                外部  加工能力 气恼、标降低、衡,运 思维 控制下
                症状  下降等外 抱怨、意志下 动、环 与注意 降、技术
                等    部症状  消极等 降等  境、自我 集中下 水平下降
                                          负评价 降、嗜
                                                 睡、疲倦
```

图 8-1 运动心理疲劳症状[①]

(四)运动心理疲劳的形成过程

现代运动训练环境越来越复杂,竞争越来越激烈,高强度训练所占的比例越来越大,在复杂多变、竞争激烈的竞技环境下,运动员身心承受的负荷越来越大,心理需求日益增加,应激适应能力有待提升,再加上训练单一、行为胁迫等各种不良因素的影响,导致运动员的心理长期处于强大的应激压力之下,或者短时间内承受突发性高强度负荷,运动心理

[①] 林岭,王华叶.运动性心理疲劳研究[M].北京:中国书籍出版社,2013.

负荷一旦超出运动员的心理承受能力，并持续保持这种高负荷状态，而且没有及时干预、调整，就会诱发运动心理疲劳。除此之外，在心理负荷较大的基础上，运动员个体认知水平低、人格有缺陷、心理承受能力有限、运动环境不理想以及恢复措施不恰当等各种内外因素的影响会使运动员心理调适与行为调适不当，从而造成运动心理疲劳。各种复杂因素干扰了运动员神经生理状态和心理状态的稳定性，使运动员身心状态出现负平衡，主要表现有产生负面情绪、神经机能下降、神经功能紊乱、认知能力受限、积极性动机减少、自我消极评价等，如果不能及时改善这种状态，会使负平衡的程度进一步加重，从而导致身体机能水平下降、中枢结构紊乱，外在表现主要有运动感知觉能力减弱、注意力集中性差、动作和情绪的自我控制力减弱、记忆力衰退、自我评价不准确、创新思维能力减弱等。如果运动员出现这些症状，说明心理已经处于疲劳状态，不同个体因为心理负荷承受力、运动能力、行为习惯等的差异，运动心理疲劳带来的生理症状、心理症状、行为表现等也会有一定的差异。

运动心理疲劳的形成过程如图8-2所示，为便于理解，我们将运动心理疲劳产生与发展的过程与路径总结如下。刺激负荷强度大、量大、密度大、恢复不足—中枢机能下降—中枢结构与机能紊乱（情绪变化、认知加工能力下降、中枢信息加工能力下降、中枢工作状态下降等）—心理疲劳状态—恢复不足或新的心理负荷刺激—加重疲劳—心理耗竭或/和动机、认知、情绪稳定、行为控制能力下降。[①]

二、运动心理疲劳的理论模型

（一）投入模型

著名的"心理耗竭和退出运动的投入模型"简单地说就是个体参与运动训练的投入和所获得的评价，运用该模型可以预测运动员究竟继续参与运动还是因为心理耗竭而退出。运动员主要依据自己在运动中付出代价、获得回报、满意度、时间和精力的投入以及其他选择五个因素的评价情况来决定自己是否继续参与训练。

---

① 林岭，王华叶. 运动性心理疲劳研究[M]. 北京：中国书籍出版社，2013.

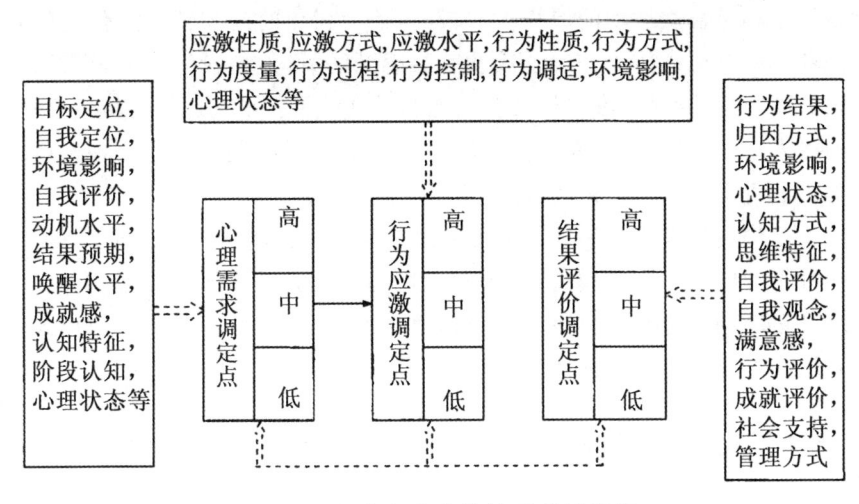

第八章 运动员训练过程中心理健康教育的科学开展

图 8-2 运动心理疲劳的形成过程①

注:实线表示演进过程,虚线表示影响关系

运动员的评价结果会对自己的行为产生两种结果:第一,如果将参与运动作为一种享受,就会继续热情参与;第二,如果将运动看作一种约束,则产生心理疲劳后便会退出(图 8-3)。

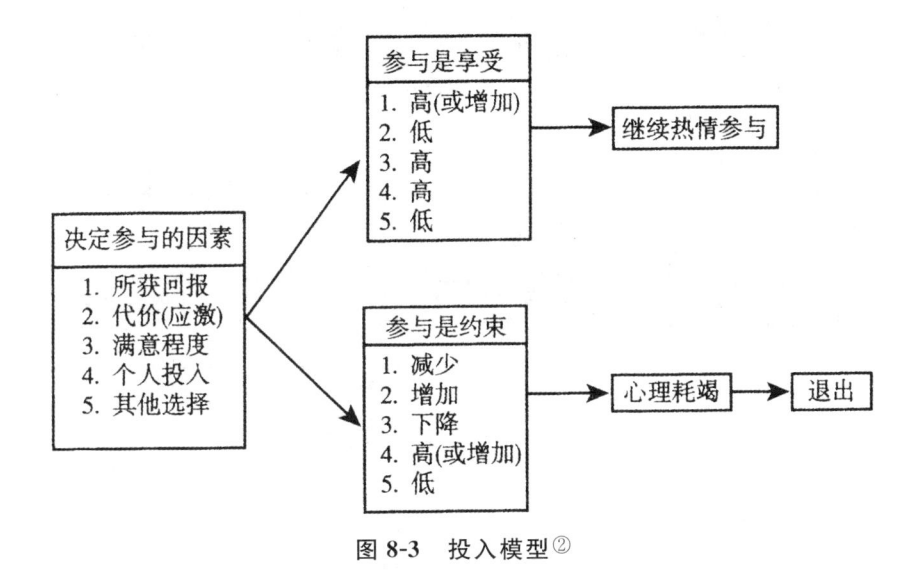

图 8-3 投入模型②

---

① 林岭,王华叶.运动性心理疲劳研究[M].北京:中国书籍出版社,2013.
② 张力为,毛志雄.运动心理学[M].上海:华东师范大学出版社,2003.

运动员喜欢运动的原因是回报高,认为付出时间与精力是值得的,能获得良好运动体验和运动成就就会感到满意;他们投入运动,高投入得到高回报。此外,参加运动会使他们感到满足。虽然运动员将主要精力投入运动中,没有时间培养其他兴趣爱好,也没有精力从事其他事业,但不能将此看作是消极的,因为这是他们的自主选择。

运动员如果因为受到某种约束而参与运动,那么他不可能长期维持这种不健康状态,当运动员感到心理耗竭且无法妥善处理时,便会坚决离开运动场。也可能会慢慢培养其他兴趣爱好,减少在运动中的投入,在运动之外有更多的选择。

(二)认知—情感应激模型

在以应激为基础的4阶段心理耗竭模型——认知—情感应激模型(图8-4)中,心理疲劳被解释为对长期的应激所作出的反应,主要表现为运动员从心理、情感甚至身体上不愿再从事先前的运动。

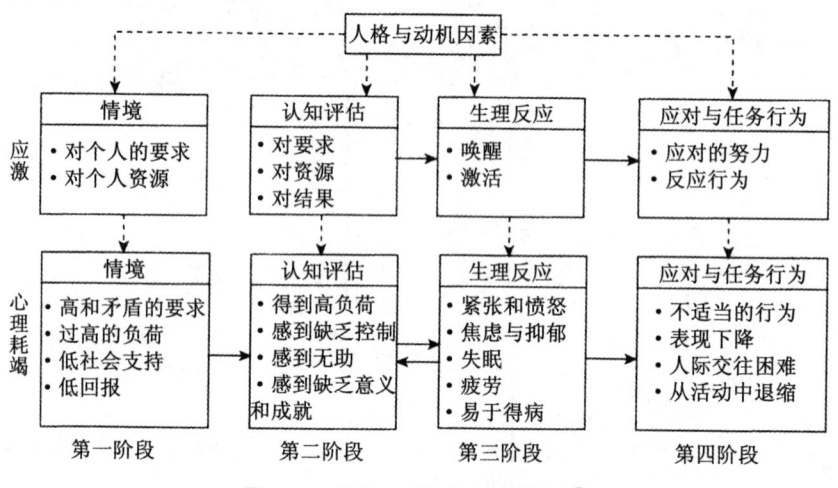

图8-4 认知—情感应激模型[1]

---

[1] 毛志雄,迟立忠.运动心理学[M].北京:中国人民大学出版社,2015.

第八章　运动员训练过程中心理健康教育的科学开展

在认知—情感应激模型中,心理疲劳和耗竭的产生过程如下:

1. 情境要求

当运动情境对运动员提出非常高的要求,而且该要求比运动员潜在的应对资源大时,运动员就会产生较为严重的应激,也因此出现心理疲劳。

2. 认知评估

这是个人对情境解释和评估的阶段。如果评估者认为应激情境是一个威胁,那么就很可能因为应激反应而精疲力竭。

3. 生理反应

如果评估者将情境看作一种威胁,应激就会使其身体疲劳,心理易怒、紧张,感觉自己情绪已耗尽,很少有积极肯定的情绪,而且容易生病。

4. 行为反应

生理反应导致一些应对与任务行为,如人际交往困难,成绩下降,甚至不再从事之前的运动项目。

史密斯还指出,个人的人格和动机因素能够在一定程度上调节运动情境的应激反应。也就是说,运动员的内在动机和独特人格一定程度上决定了其是否会产生心理耗竭。[①]

三、运动心理疲劳产生的心理动力性因素

(一)认知

竞技体育的快速发展对运动员提出了越来越高的要求,教练员对运动员的要求也越来越严格,为了达到要求,运动员不得不强化训练,而当对运动员进行客观认知评价时,结果显示运动员训练过度,对训练和生

---

① 张力为,毛志雄.运动心理学[M].上海:华东师范大学出版社,2003.

活缺少有效的权衡,这个评价结果会使运动员认为自己在训练中付出的努力没有得到应有的回报,所以感到不满、无力甚至绝望,对运动训练失去兴趣,久而久之出现心理疲劳症状,主要表现为紧张、焦虑、失眠、抑郁,而且也容易引起生理疾病。

(二)动机

疲劳动机理论指出,个体参与某一活动时,其参与需要、参与动机水平以及为完成任务而在活动中付出的能量值等决定了其在活动中的疲劳程度。而个体分配与付出的能量值的多少又与其动机水平有关。一般来说,运动员的动机水平越高,在运动训练中就会分配较多的能量值,但不会完全耗尽所有的运动能量,这种情况下运动员的疲劳感不会很严重,运动负荷和外界因素对运动员的影响不会给其继续训练造成干扰,训练效果也往往比较令人满意。而如果运动员训练动机水平低,外界负荷对其来说是一种负担和压力,对外界负荷十分敏感,将负荷带来的影响过分夸大,那么就容易在训练中产生明显的疲劳感。

(三)心理负荷

运动员的心理负荷大小与训练方法与手段、训练内容安排等因素有关,当训练方法不合理、训练内容安排不当、训练处方脱离运动员实际情况时,运动员就会承受较大的心理负荷,容易出现心理疲劳症状。心理负荷过大时,心理应激就很强,运动员身体高度紧张,过度使用身心能量,易导致身心疲劳。

如果心理负荷单一,心理疲劳症状也可能会出现。如长期简单重复的单一训练使运动员感到枯燥、厌烦,兴趣下降,没有挑战的欲望,心情压抑,情绪消极,从而引发心理疲劳。

运动员的心理疲劳还与其思想压力和心理压力有关。水平越高的运动员背负的期望越大,思想压力也越大,即将退役的高水平运动员尤其如此,他们不仅要承受训练和比赛的压力,还有退役后就业和生活的压力,处在十字路口的运动员陷入迷茫,考虑到未来的社会人际、再就业及家庭生活,就感到焦虑、恐惧、郁闷,这些多重的、沉重的压力使其心理负荷加重,如若不能及时缓解,就会出现心理耗竭和心理疲劳。

第八章　运动员训练过程中心理健康教育的科学开展

(四)心理预期

从事运动事业时间长的运动员往往对自己有很高的要求,同时也被赋予很高的期望,他们总是不满意自己的训练情况,认为自己达不到理想的目标,如果在运动生涯中出现了运动伤病,更会使其惴惴不安,这些心理预期严重影响了运动员的心理健康,使其产生心理疲劳。

(五)社会交往情绪

受我国竞技体育人才培养和训练体制的影响,运动员从小受到严格训练,训练环境相对艰苦、封闭,他们的社会交往活动很少,人际关系很简单,社会参与度也低。而随着年龄的增加和运动生涯的延续,运动员需要参与一些必要的社交活动,而缺乏社交经验的运动员在社交场合会感到紧张不安、恐惧害怕,表现得慌张失措、吞吞吐吐、畏手畏脚,这些社交表现会给其造成心理负担,引起心理疲劳。

四、运动心理疲劳的控制与消除

(一)停止训练或调整训练

如果运动员出现心理疲劳与单调重复的训练有关,那么就要暂时中断训练,或者对当前的训练重新进行调整和安排,使运动员按调整后的方式继续训练。心理疲劳程度严重时,暂停训练是最好的选择。如果疲劳程度轻,可通过调整训练来预防疲劳加重。调整训练时,可以调整准备活动的方式、调整体能训练内容、技战术训练形式、重新布置训练环境、调整训练的音乐等,通过调整,要使训练变得丰富,有特色,有色彩,能激发运动员的训练积极性,能调动运动员的训练热情,能使运动员的个性心理需求得到满足,能使运动员信心倍增,提高积极的训练动机水平,在训练中充分发挥自己的能力,提高训练效果。

(二)心理恢复训练

常用的心理恢复训练方法有语言暗示、呼吸调节、欣赏音乐、补充营养、睡眠休息等。运用这些恢复方法不仅能放松疲劳的肌肉,也能放松心理,使中枢神经系统得到调节,这些方法对降低运动员在训练中产生的心理疲劳很有帮助。

(三)音乐疗法

很多运动员出现身心疲劳症状后,喜欢通过听音乐来缓解疲劳,放松身心。运动员适宜选择节奏简单、音调较低的音乐来放松心情、缓解焦虑、克服紧张,音乐的节拍每分钟60~80次。选择适宜的音乐才能达到预期的消除疲劳的效果,如果是听嘈杂的、节奏复杂的音乐,不仅不会消除心理疲劳,反而会加重疲劳,引起其他心理不适症状。

(四)用先进仪器设备消除心理疲劳

在运动心理训练中,可以借助 MC2StudyMT 仪器来训练。该系统通过大脑活动频率波的刺激来调节运动员的意识状态,帮助运动员迅速进入与工作任务相适应的脑生理环境,如心理放松、注意集中、神经活动的激发状态。

运动员也可采用肌肉功能刺激法进行放松练习,使运动员肌肉放松,减轻机体劳累,并从沉重的心理负担中走出来,达到消除心理疲劳的目的。

另外,教练员可借助生物反馈及表象技术帮助运动员放松身心,这同样能起到缓解心理疲劳的效果。

(五)人文关怀

教练员和社会对运动员的人文关怀也有助于消除运动员的心理疲劳。丰富多彩的社会活动能够调动运动员的参与兴趣,丰富运动员的休闲生活,为运动员提供轻松的、愉悦的、充满关爱的良好环境和氛围,使运动员感受到被重视,感到社会除了关心他们的比赛成绩,还关心他们的健康和生活。运动员的社会交往活动较少,他们要处理的人际关系主要是与教练员的关系、与队友的关系和与家庭的关系,当他们在处理这些关系遇到问题时,要提供帮助,使其处理好各种关系,提高他们的人际交往能力和社会适应能力。

第八章　运动员训练过程中心理健康教育的科学开展

五、运动心理疲劳检测与预防

(一)运动心理疲劳科学检测与评价

运动心理疲劳的检测与评价有助于了解运动员的心理疲劳程度和症状,如果通过检测与评价未发现运动员有心理疲劳症状,那么就要做好预防工作,使运动员保持良好的训练状态;如果通过测评发现运动员存在运动心理疲劳问题,要进一步判断疲劳程度,了解具体症状,分析产生心理疲劳的原因,以便于"对症下药",及时进行有效干预,控制疲劳,快速消除疲劳,提高运动员心理健康水平。运动心理疲劳测评是心理疲劳防控的前提工作,因此,必须设计好测评体系,合理筛选测评指标,明确评价标准,采用科学有效的方法开展测评工作。

(二)运动心理疲劳的有效预防

没有运动训练,就没有运动疲劳,但不能因为防止疲劳而不训练,而且训练必然会带来一定程度的疲劳,如果完全没有适度疲劳,那么训练也是无益的,发生疲劳后如果没有采取恢复措施,也就无法提高训练水平。训练—疲劳—恢复是对应统一的,它们相互促进、相互影响,从而不断提高运动员的训练能力和竞技水平。适度的疲劳对运动员有益,但过度疲劳且得不到及时干预就会影响运动员的健康和训练水平。所以,要有效预防运动员在训练中出现严重的心理疲劳或预防运动员出现心理疲劳的频率,下面分析几种常见的预防方式。

1. 建立合理的制度

预防运动心理疲劳,关键是帮助运动员建立合理的训练制度和生活制度,使其养成良好的训练和生活习惯。运动员经过一天的训练,消耗了大量能量,身心疲劳,所以必须要好好休息,补充营养,这样才能消除疲劳,促进身心恢复,不影响次日训练。所以说,对训练、比赛、休息时间、营养的合理安排很关键。

2. 强化动机、合理设置训练目标

运动员要有积极的训练动机,要对自己的能力和价值有正确的认识,要勇敢应对挫折,体会训练的愉悦感和成就感。

运动员为实现一定的训练目标而参与运动训练,实现短期训练目标能够鼓励运动员继续训练,为实现更高、更长远的训练目标而付出努力。但如果训练目标不符合实际,超出运动员的能力极限,运动员长期训练后依然达不到目标,就会出现焦虑、不安等消极情绪和挫折心理,这种情况下心理疲劳就容易发生。所以,设置训练目标一定要考虑运动员的实际情况,确立可行的、运动员经过努力可以达到的目标,使运动员积极训练,获得愉悦和成功的体验。

3. 科学训练

运动训练的科学性与运动员心理疲劳的产生有关。教练员要合理安排训练内容,有效控制训练量、训练强度和训练时间,避免训练负荷过大而引起心理负荷过大,从而导致心理疲劳。

科学训练还包括设计和选用多样化的训练方法和手段,这也能对运动心理疲劳起到有效的预防和调节作用。如果训练方法手段单一,那么意味着运动刺激单调,长期如此,运动员易发生心理疲劳。在运动训练中要做好心理监控,如果发现运动员心理波动明显,很可能是训练方法出现了问题,要及时调整训练方法,不要让运动员长时间做单一的重复练习,要将各种有趣的训练方式运用起来,对训练环境作出改善,并根据运动解剖原理、运动力学原理和运动员的心理发展规律而设计新的训练方法,使运动员的心理疲劳延迟出现。

4. 优化环境

训练环境恶劣会使运动员心理负担加重,从而使运动员很快就出现心理疲劳症状。为避免不良环境因素对运动员造成的干扰与影响,需要加强对训练环境的改善,营造良好的训练氛围。

除了优化训练环境外,还要优化运动员的生活环境,为运动员提供制造良好的生活氛围,使运动员结束艰苦的训练和比赛后能够获得良好的放松与休息,这也能使其生活需求和精神需求得到满足。

5. 加强保障

构建运动训练的医务监督保障体系,为运动员建立退役后的就业保障和生活保障制度,消除运动员在训练中害怕受伤的紧张心理和退役后担心无法顺利就业的顾虑,缓解运动员的紧张和焦虑,这样能够起到很好的疲劳预防效果。

第二节　运动损伤心理的科学康复

一、引起运动损伤的心理因素

在关于运动损伤发生的心理因素的研究中,美国运动心理学家威廉姆斯和美国认知心理学家安德森提出了应激—损伤模型。这一模型认为,当运动员置身于应激情境时,他们的应激源历史、人格特征和应对资源这三个因素会使运动员产生压力反应。其中,应激源历史和人格特征倾向于增加压力反应,而当处于应激情境中时,应对资源缺乏则更多表现为身体激活和注意力涣散。正是这种不断增长的压力反应增加了运动员受伤的危险性。

在这一模型中,人格特征、应激源历史、应对资源和干预这4个因素对压力反应产生直接影响,这也是和运动损伤有关的几个主要心理原因,下面逐一进行分析。

(一)人格特征

具有某些人格特点的运动员认为少数的某些情境或事件才具有应激性,或者很少感受到紧张应激事件对他们的影响。关于人格特征对运动损伤的影响,主要有以下几个研究结果:

(1)成就动机与特质焦虑影响运动员的压力反应,具有高特质性焦虑的运动员可能把更多的情境评价为压力情境,并体验到压力反应。

(2)心境状态影响运动员的压力反应。有更多积极心境状态的运动员比有更多消极心境状态的运动员受伤的可能性小。

（3）寻求刺激的性格特征会影响运动员的压力反应。寻求刺激可以减缓生活应激事件的影响，有寻求刺激性格特征的运动员本身就具有受伤的可能性。

（4）攻击、发怒、支配类型的性格特征与运动损伤的关联很大。具有攻击性人格特征、易发怒、支配欲强的运动员更容易受伤。

（5）内、外控特点影响运动员的压力反应，具有内控特点的运动员较容易受伤。

（二）应激源历史

应激源历史包括生活压力事件、日常问题和过去的伤病史等。

1. 生活压力事件

大部分运动员在运动生涯中都体验过生活中应激事件，如生病、晋级等。研究表明，正性的应激事件与运动损伤关系不大，而负性的生活应激事件与运动损伤有很大的关系。运动员生活压力越大，在运动中受伤的概率就越大。对生活事件消极的认知评价对运动损伤也有很大影响，消极的认知评价容易导致运动员受伤。

2. 日常问题

日常生活中的小问题，如愤怒、变化等也会导致运动员受伤。大的生活事件所导致的受伤很多都是由于小摩擦引起的。例如，训练或比赛城市出现变动是一个大的生活事件，但其中也有运动员感到孤独等小问题。日常生活中的小问题也可能脱离大的生活事件而直接引起运动损伤。

3. 伤病史

运动员的伤病史也可能引起运动损伤。运动员在没有完全康复的情况下重新训练或比赛，那么再次受伤的可能性非常大。如果运动员身体已经康复，但没有为重新投入训练或比赛而做好心理准备，那么可能

第八章 运动员训练过程中心理健康教育的科学开展

会出现焦虑、消极思维等心理,从而导致再次受伤。①

(三)应对资源

应对资源来源于环境或运动员自身,其作用都是帮助运动员减少运动损伤。缺少应对资源很容易会导致高的应激,进而导致受伤。常见的应对资源有以下几种:

1. 应对行为

包括睡眠方式、营养习惯、时间管理等。

2. 社会支持系统

包括关心我们的人和我们可以依赖的人等。

3. 心理技能

包括控制唤醒的能力,集中注意力的能力和压力情境下有效思考的能力等。

4. 医疗和营养方案

科学的医疗和营养方案能够有效帮助运动提高身心健康能力,为运动员训练提供良好的营养和医疗保障。

(四)干预

心理干预有助于减少受伤概率。心理干预一是为了改变运动员的认知评价,这需要帮助运动员重新思考怎样处理有压力的情境,如学习认知重建、思维控制等心理技能;二是为了改变运动员的生理/注意特点,这可以通过帮助运动员掌握表象训练、放松训练等心理技能训练法而进行。

---

① 张忠秋. 优秀运动员心理训练实用指南[M]. 北京:人民体育出版社,2007.

二、促进运动损伤康复的心理调节方式

(一)目标设置

发生运动损伤的运动员将要参加重大比赛时会出现纠结的心理,既希望取得比赛的胜利,又害怕损伤对赛前训练和比赛产生影响,他们陷入一种焦虑状态,影响了积极的训练动机。通过合理设置训练目标能够对运动员的这一心理进行调节。

对发生运动损伤的运动员来说,目标设置是可控的日常行为,这一行为使运动员主动恢复、积极训练,在这个过程中运动员的自我控制能力也会提升。设置目标可以是长远目标,也可以是短期目标或阶段目标,甚至可以是训练课目标和日训练目标。运动员为自己设置合理的目标,需要注意以下几个要点:

(1)设置具体的可通过量化指标测试达成情况的目标。
(2)设置具有一定挑战性,但在自己能力极限范围内可以达到的目标。
(3)根据自己的实际情况设置现实的目标。
(4)不断强化训练目标,随着自身运动水平的提高而不断提高目标难度,一步步实现更高的目标。

(二)运用表象

表象练习是一种非常有效的心理调节方式,能够使发生运动损伤的运动快速康复。因此,在运动损伤的心理恢复手段中,表象练习这一方式运用很普遍,运动员主要通过以下几种形式来进行表象练习:

1. 技能表象

运动员受伤后,要主动建立表象,回忆自己曾经的运动行为表现。如果运动员伤势严重,不能上场训练或比赛,可以在台下进行表象练习,对自己训练或比赛生涯中曾经所处的场地位置和运动表现进行回忆,并想象"如果我可以训练,那么现在我应该在什么位置,应该采用什么技术、战术或怎么与队友配合",通过回忆和想象,运动员会获得真实的感

第八章　运动员训练过程中心理健康教育的科学开展

受,就像真的在训练一样,并对训练结果充满期待。这也是培养运动员自信的一种有效方式。

2. 损伤表象

运动员去医院看病时会做一些专门的医疗检查,通过专门的仪器设备可以看到自己什么部位的骨骼或软组织受伤了,了解自己的身体健康状况,了解哪些部位不能活动过度,这样运动员可以更好地控制身体各部位的活动,并树立重建健康身体的信心。而如果运动员不了解自己的损伤情况,就会消极猜疑,悲观对待,这对身体康复和运动训练都是不利的。教练员要鼓励运动员多对自己恢复身体的过程加以回忆,从而在促进身体损伤恢复的同时提高心理健康水平。

3. 恢复表象

运动员在训练中对自己的训练效果都有一个期待,希望达到理想的训练效果,对这个效果加以想象,有助于促进恢复。例如,在治疗肌肉损伤的过程中,运动员想象如果身体恢复后再训练时会达到很好的效果,这样损伤治疗也会取得良好的效果,能够促进肌肉组织尽快恢复。

具体来说,恢复表象可以达到以下效果:
(1)使运动损伤的治疗过程更加顺利。
(2)使心态放松、乐观。
(3)消除因伤而带来的消极悲观心理。
(4)建立良好心态,促进最佳表现。

(三)应激控制

应激控制是指通过减少情境需求或提升个体能力来减少应激的消极影响。通过应激控制能够有效地减少运动员的认知焦虑和躯体焦虑。

1. 创造积极的环境

创造积极的环境能够有效减少运动员在恢复过程中的潜在应激。包括给运动员提供积极的反馈、鼓励、有用的信息和指导等,而且应该避免运动员把治疗室当作一个应激情境。创造积极的恢复环境要注意以下几点：

(1) 强调运动员能做到的事。

(2) 多表扬在恢复过程中的运动员。

(3) 当运动员在恢复过程中出现退步时多给予鼓励。

(4) 不要批评不能完成恢复任务的运动员。

2. 行为演练

行为演练是指运动员通过练习或通过体验可能出现的情境，使自己能够有准备地应对各种情境。例如，一名膝盖做过手术的足球运动员可能会关心自己是否还能铲球。可以在他回到赛场之前在恢复环境中进行演练，先以缓慢速度铲球，然后逐渐增加速度，直到能够以正常速度完成动作。通过这种方式，运动员在重返赛场之前能够有效建立自信。

另外，运动员也可以列举出各种应激情境并找出应对策略，然后练习这些策略。例如，跳高运动员可能认为自己受伤的后跟腱已经完全恢复，但担心在雨天参加比赛时因为滑倒而再次受伤。为了减轻这种担忧，运动员在重返赛场前可以在人为湿地上先练习，这种方式既减少了应激，又提高了自信。

3. 应对挫折

教授运动员某种技能以帮助他们提高应对挫折的能力。当运动员由于伤病而感到挫折时，应该鼓励他们处理挫折感，步骤如下：

(1) 说出你的挫折并说明接下来会发生什么。

(2) 说明减少挫折感的好处。

(3) 找出具体的成功证据。

(4) 列举出你的资源。

(5) 找出阻止到达目标的潜在障碍。

(6) 找到消除障碍的方法。

(四) 社会支持

社会支持是指在完成一项任务时得到他人的支持，这种支持包括处理特定环境中问题的工具性帮助（建议）、处理情绪问题的心理资源等。

第八章 运动员训练过程中心理健康教育的科学开展

能够给运动员提供社会支持的人包括教练、队友、医护人员、心理学家、朋友、父母等。下面分析三个方面的社会支持：

1. 信息支持

必须由具有专业背景的人提供信息支持，这类人应该被受伤的运动员认为是知识渊博和值得信赖的。为运动员提供信息支持应该是为他们提供合适反馈，可以采用"三明治"方式，如对运动员说"你已经在恢复过程中付出了很多的努力，但你还需要加强力量和柔韧练习以达到更全面的恢复"。另外，强调每天的恢复过程，而不是强调恢复的结果。提供信息支持时应该敢于直面现实，抱着坦率、诚恳和支持的态度，以个人的方式帮助运动员客观评估恢复过程。提供信息支持可以通过很多方式展开，下面简单列举几种：

(1) 创造与其他受伤运动员分享经验的机会。

(2) 具有相似伤病已成功恢复的运动员为正在恢复的运动员分享自己的经验。

(3) 安排小组会谈，运动员讨论自己的想法和感觉。

2. 情感支持

倾听是提供情感支持的首要条件，倾听时，要有耐心，不要打断运动员的倾诉，不要在运动员没有倾诉完时给出判断或意见。

另外，在情感支持中要注重为受伤运动员创造开放的环境，让运动员在良好的环境中敞开心扉，没有思想压力地说出自己的想法和感觉。教练员是给运动员提供情感支持的重要主体，运动员获得的情感支持的质量越高，在恢复过程中产生的动机就越高，这对运动员康复具有重要作用。

3. 切实支持

人们在给运动员提供切实支持前，首先明确哪些是你可以做的，哪些是你不能够做的，不要提供超出职能范围的支持，如果非专业医护人员不要给运动员提供任何有关医疗上的建议。要尽可能在运动员需要的时候提供有效支持，要提前做好支持准备，以备不时之需。[1]

---

[1] 张忠秋. 优秀运动员心理训练实用指南[M]. 北京：人民体育出版社，2007.

第三节　运动员心理健康处方的科学制定

一、运动类型

(一)有氧练习

运动员进行有氧练习,可以改变心境,减少应激,提高应激适应能力,降低紧张、焦虑等负面情绪的产生,降低抑郁的发生率,强化自我感念。在有氧训练中做一些放松整理性练习,可促进身心疲劳的恢复,提高身心健康水平。

(二)封闭式练习

封闭性练习有明显的节奏性,对注意力的投入没有严格的要求,运动员在技能训练中采用这一练习方式,有助于锻炼和提高脑力,使运动员保持良好的情绪。运动员在封闭式训练中,心态较为平静,良好的时空条件去思考问题,也有机会充分发挥想象,这能够给运动员带来良好的体验感。

(三)集体性练习

运动员与队友共同进行训练,在训练中相互沟通、互动,相互帮助与监督,共同进步,这有助于调节运动员的情绪,提升运动员的社会交往能力,这种积极的心理效应又能激发运动员主动参与集体性训练活动的积极性。

除了集体性练习外,个体练习也能产生一定的心理效应,如降低抑郁、心情自由等。因此,建议运动员将个体性练习和集体性练习有机结合起来,根据需要来安排两种练习的实施方式。

(四)娱乐性练习

为了增加训练的趣味性,提高运动员训练的积极性,提高训练产生的心理效应,在训练中还应该多进行一些娱乐性练习,这有助于使运动员的情绪得到改善,提高运动员的能力感、成就感,增强运动员的自我控制能力,使运动员在练习中肯定自我价值,产生自豪感,提升自我效应,增强自信,从而促进心理健康和提高运动心理水平。

和娱乐性练习相对应的是竞争性练习,这种练习如果竞争不当容易造成运动员过度训练,从而增加运动员在训练中身心疲劳的程度,甚至导致运动员心理耗竭,对训练产生恐惧感,失去训练的动力和信心。所以,要采用竞争性练习,应该注重竞争的适度性。

二、运动强度

运动员训练的心理效应很大程度上受到运动强度的影响。如果运动员强度过大,容易使运动员的应激能力下降,而且并不是越大强度的训练就越能产生良好的训练效果,训练过度会适得其反。有些训练需要采用高强度训练方法,以促进运动员代谢水平的提升和心肺功能的增强,但不利于促进心境状态的改善。因此,要在训练中产生良好的心理效应,应该将训练中的运动强度保持在中等强度,这对大部分运动员都是比较适宜的强度。

三、运动时间

持续运动时间会影响心理效应,关于持续运动多长时间可以取得良好的心理效应这个问题,很多专家做了研究,但有很多不同的研究结果,有人指出至少持续运动半小时左右才会产生良好的心理效应,也有人指出持续练习的时间应该达到 1 小时左右,还有人指出要持续练习 1.5 小时后心理状态才能达到预期效果。可以肯定的是,持续练习时间太长或练习强度过大都会给运动员的心理带来负面影响,而且运动强度也关系着持续练习时间对心理效应产生的影响。如果运动强度固定,那么训练时间太长会造成身心疲劳,降低运动员的练习兴趣和积极性,不仅不会带来良好的心理效应,反而会损害身心健康。此外,如果持续练习时间太短也不利于产生良好的心理效应和训练效果,一般要求持续训练时间至少半小时。

四、运动频率

从运动生理学的角度来看,保持一周 2~4 次的运动频率是比较适宜的,但从运动心理学视角来研究运动频率,目前还没有明确的结果,有待继续研究。运动训练中产生的心理效应在运动结束后也能保持数小时的时间,安排运动频率既要考虑在运动训练中是否能产生良好的心理效应,也要考虑训练结束后这种心理效应维持的时间。运动员要养成良好的训练习惯,在非训练期也要坚持锻炼,将其作为日常生活的一部分,以增加在运动中获得的良好心理效应的维持时间,促进心理的持续健康。

参考文献

[1]张凯,张力为.现役运动员心理指导手册[M].北京:人民体育出版社,2020.

[2]郭玉江.多维视角下优秀运动员心理健康的实证研究[M].北京:人民体育出版社,2018.

[3]李四化.心理疲劳下运动员反应效果监控的ERP特征[M].北京:北京体育大学出版社,2017.

[4]王新胜.竞技心理训练与调控[M].北京:北京体育大学出版社,2001.

[5]林崇德.心理学大辞典[M].上海:上海教育出版社,2003.

[6]赵新世.运动员心理调控与训练方案设计研究[M].北京:中国水利水电出版社,2019.

[7]孙小娟.社会需求视域下的健美操专修课程体系改革[J].榆林学院学报,2020(2).

[8]郭念锋.国家职业资格培训教程 心理咨询师(基础知识)[M].北京:民族出版社,2012.

[9]王鹏.大学生体质之研究[M].哈尔滨:东北林业大学出版社,2007.

[10]孙小娟.试析高校体育教学中教学交往的缺失与建构[J].田径,2020(11).

[11]孔庆蓉,孙夏兰,杨玉莉.心理健康新观念[M].北京:中央编译出版社,2016.

[12]俞国良.现代心理健康教育 心理卫生问题对社会的影响及解决对策[M].北京:人民教育出版社,2007.

[13]孙庆祝,郝文亭,洪峰.体育测量与评价[M].2版.北京:高等教育出版社,2011.

[14]石岩,马虹.精英运动员心理健康问题审视[J].福建师范大学

学报(哲学社会科学版),2020(03):117-130.

[15]梅红霞.人民群众心理健康问题的形成原因与对策[J].长春理工大学学报(社会科学版),2010,23(02):3-4.

[16]肖夕君.科学运动与健康[M].长沙:湖南文艺出版社,2006.

[17]殷恒婵.体育心理学[M].北京:开明出版社,2012.

[18]张忠秋.优秀运动员心理训练实用指南[M].北京:人民体育出版社,2007.

[19]王刚.运动与心理[M].成都:四川教育出版社,1993.

[20]彭亦兵.优秀运动员素质教育导论[M].哈尔滨:哈尔滨工程大学出版社,2008.

[21]张力为,毛志雄.运动心理学[M].上海:华东师范大学出版社,2003.

[22]胡亦海.竞技运动训练理论与方法[M].北京:人民体育出版社,2014.

[23]陈作松.休闲与健身运动心理学原理与应用[M].厦门:厦门大学出版社,2012.

[24]林岭,王华叶.运动性心理疲劳研究[M].北京:中国书籍出版社,2013.

[25]张力为,张连成.心理疲劳 竞技运动中的研究与应用[M].北京:北京体育大学出版社,2013.

[26]毛志雄,迟立忠.运动心理学[M].北京:中国人民大学出版社,2015.

[27]孙小娟.试析高校健美操运动竞赛及训练的现状和对策[J].体育风尚,2018(2).

[28]单明杰.青少年乒乓球训练中的消极心理与调适策略[J].青少年体育,2020(11):93-94.

[29]宁业梅,李昌颂,唐祖燕.体育锻炼的消极心理效应及其应对措施[J].体育科技,2010,31(03):89-91.

[30]马启伟,张力为.体育运动心理学[M].杭州:浙江教育出版社,2002.

[31]胡桂英.运动心理学[M].杭州.浙江大学出版社,2011.

[32]赵闯.从简单到复杂:体育教学思维方式的转变[D].南京师范大学,2007.

[33]孙小娟.基于人文理念下的普通高校瑜伽教学课程优化策略[J].文体用品与科技,2015(10).

[34]黄希庭,张力为,毛志雄.运动心理学[M].2版.上海:华东师范大学出版社,2018.

[35]商虹.体育心理学[M].成都:西南交通大学出版社,2010.

[36]孙少强,孙延林.运动心理学[M].天津:南开大学出版社,2006.

[37]孙小娟.普拉提半球训练对舞蹈控制和旋转能力的锻炼[J].当代体育科技,2016(1).

[38]魏平,许昭.运动员心理训练与调控[M].济南:山东大学出版社,2018.

[39]姜春平.体育运动心理学[M].哈尔滨:东北林业大学出版社,2008.

[40]孙小娟.素质教育背景下高校健美操教学结构优化改革与发展研究[J].当代体育科技,2015(9).